■ 中国体育学文库

| 体育教育训练学 |

高水平冬季项目科学训练研究

——国家体育总局2017年冬季项目教练员赴美国培训班成果汇编

国家体育总局干部培训中心 | 编

Ⓦ 北京体育大学出版社

策划编辑：吴　珂

责任编辑：吴　珂

责任校对：井亚琼

版式设计：中联华文

图书在版编目（CIP）数据

高水平冬季项目科学训练研究 : 国家体育总局2017年冬季项目教练员赴美国培训班成果汇编 / 国家体育总局干部培训中心编. -- 北京 : 北京体育大学出版社，2023.1

　　ISBN 978-7-5644-3796-1

　　Ⅰ.①高… Ⅱ.①国… Ⅲ.①冬季运动 – 运动训练 – 研究 Ⅳ.①G808.1

中国国家版本馆CIP数据核字(2023)第006127号

高水平冬季项目科学训练研究
GAOSHUIPING DONGJI XIANGMU KEXUE XUNLIAN YANJIU　**国家体育总局干部培训中心　编**

出版发行　北京体育大学出版社
地　　址　北京海淀区农大南路1号院2号楼 2 层办公B-212
邮　　编　100084
网　　址　http://cbs.bsu.edu.cn
发 行 部　010-62989320
邮 购 部　北京体育大学出版社读者服务部 010-62989432
印　　刷　三河市华东印刷有限公司
开　　本　710mm×1000mm　　1/16
成品尺寸　170mm×240mm
印　　张　8.5
字　　数　126千字
版　　次　2023年1月第1版
印　　次　2023年1月第1次印刷
定　　价　85.00元

（本书如有印装质量问题，请与出版社联系调换）

编　委　会

前　言

在国家留学基金管理委员会的大力支持下，国家体育总局于 2017 年 8 月至 11 月开办了"国家体育总局 2017 年冬季项目教练员赴美国培训班"。

本期培训班在美国佐治亚州立大学和罗得岛大学进行，共有 25 名学员，全部为我国从事冬季项目训练的优秀青年教练员。培训班采用单独编班、单独授课、模块化教学的方式，涉及运动生理学、运动解剖学、运动生物力学、运动营养学、康复医学等运动训练学科基础性教学内容，还有冬季项目体能训练、技术训练等实践性教学内容。授课教师既有学术研究成果丰硕的资深教授，又有实践经验丰富的一线教练员；既有单项协会负责人等职业体育的管理人员，又有运动防护师、物理治疗师、体能训练师等竞技体育训练领域的专家。

学习期间，学员在充分吸收学习所得的基础上，分组进行了课题研究，并认真撰写了个人总结。为了将本期培训成果进行交流和宣传，并为有关职能部门提供咨询参考，我们将学员课题研究和培训总结编辑成集。在本书的编辑过程中，得到了国家体育总局人事司、国家体育总局冬季运动管理中心、北京体育大学领导的关心、重视和北京体育大学出版社的大力支持，在此一并致以衷心的感谢。

由于水平有限，书中不当之处在所难免，敬请读者批评、指正。

本书编委会

目　录

科研成果交流

学以致用　知行合一
努力提高我国冬季运动项目竞技水平
——国家体育总局 2017 年冬季项目教练员赴美国培训班总结

根据国家体育总局 2017 年培训工作计划安排，并经国家外国专家局批准立项，由国家体育总局人事司主办，国家体育总局冬季运动管理中心、干部培训中心承办的"国家体育总局 2017 年冬季项目教练员赴美国培训班"于 2017 年 7 月 14 日至 8 月 6 日成功开办，现将该培训班学习情况总结如下。

一、培训班基本情况

（一）培训目的

有效针对 2022 年北京冬奥会备战需要，拓宽国际视野，提升我国冬季项目教练员理论水平和执教能力，提高我国冬季项目竞技水平，促进我国冬季项目的可持续发展。

（二）参加人员

本期培训班共 25 人，主要为我国冬季项目从事一线工作的教练员。

二、培训内容

本次培训分国内培训、国外培训两个阶段，采用授课、考察、现场教学、研讨和撰写培训总结等方式。

国内培训阶段在国家体育总局干部培训中心进行。培训班采用专题讲座、研讨交流等形式，培训内容涉及举办本期培训班的背景、意义，精英运动员体能优化策略与实践，打造自己的执教成功之路，出国期间培训课程介绍及学习、组织、外事纪律等专题。通过国内期间的培训，学员较深入地理解了本次出国培训的目的、任务和要求，学习了优秀教练员的科学训练策略、执教之道等内容，从而为培训班赴美国进行有针对性的学习打下良好的基础。

国外培训阶段在美国佐治亚州立大学、罗得岛大学两地进行。培训班采用课堂讲授、小组研讨、实地考察、现场观摩、互动交流、撰写总结等形式。培训内容针对冬季项目运动的特点，涉及冬季项目训练中运动员表现与营养问题、生物力学在冬季项目中的应用与实践、技术和设备如何应用于冬季项目运动训练和运动表现的监测、冬季项目的体能和力量训练、冬季项目的受伤防治和运动康复，以及冰球、单板滑雪、花样滑冰等项目专业训练手段及技战术讲解，冬季项目体育俱乐部经营管理和人才培养等。通过在国外的学习，学员较全面、系统地了解了美国冬季项目的开展情况及竞技体育后备人才培养理论研究及实践的最新成果、先进经验和具体方法。学员在开阔视野，受到启示的同时，努力结合自己的工作实际展开积极的思考和总结，从而圆满完成各项学习任务，达到了培训班预期目的。

三、主要特点

（一）学员均为我国冬季项目骨干教练员

本次培训班有 21 名学员是从事冬季项目的一线著名教练员，很多教练员来自国家队，具有丰富的理论和实践经验。其中，男学员 16 名，女学员 5 名，平均年龄 35.6 岁；从区域上看，主要来自辽宁、吉林、黑龙江、新疆、河北、上海；从项目分布上来看，涉及短道、花样、速滑、冰球、冰壶、自由式滑雪空中技巧、自由式滑雪 U 型场地、单板滑雪、高山滑雪、跳台滑雪、钢架雪车 11 个冬季项目。此次代表团团长由国家体育总局人事司司长郭建军同志担任，这也是近些年国外培训规格较高的一个培训班，充分体现了国家体育总局对冬季项目教练员培养工作的高度重视。

（二）学习计划执行率高，学习内容针对性强

为了组织好本期培训班，国家体育总局干部培训中心和冬季运动管理中心与境外培训组织方就课程设置、师资力量、培训地点、后勤保障等方面进行了多次沟通协调，双方围绕培训主题，制订了详尽的培训方案。在具体实施中，所有的培训课程、时间安排及程序均按计划严格执行，充分保障了本次培训班的顺利进行。

本期培训班的学习内容非常丰富，而且有较强的针对性。培训班在亚特兰大和金斯顿两个城市进行，学习地点分别在佐治亚州立大学和罗得岛大学，学习期间，学员听取了美国多名著名专家教授的理论讲解和实践分析，涉及面广，实用性、针对性强，特别是结合美国的优势冬季项目，如单板滑雪、花样、冰球等项目进行讲解，使学员受益匪浅。全体学员还到当地两所大学的体育场馆设施、滑冰俱乐部、冰

球馆进行实地考察参观，并与管理人员和相关教练员进行了深入交流，内容涉及体育场馆的建设、经营管理及体育文化的建设，青少年参与冬季项目情况，冬季项目赛事组织与运行，青少年后备人才培养与选拔等。

（三）学员学习态度端正，成效显著

通过国内培训，全体学员很快实现了从教练员到学员角色的转变，迅速进入学习状态。在美国期间，学员们严格遵守各项规章制度，高标准、严要求，每天按时出勤，按规定完成各项学习任务。学员上课认真听讲，踊跃提问，与美国专家、学者积极互动交流；课间休息、就餐及往返途中，热烈讨论、交流心得体会，下午下课回到驻地后认真整理笔记、图片和录音资料。在培训期间，学员们共分三组进行了两次小组研讨，大家积极发言，结合本项目实际情况交流学习心得体会，取得了良好效果。同时，培训班还积极利用微信平台，搭建起学习交流的平台，使学习效果更加高效、持久。

（四）丰富学习形式，提高学习质量

本次培训主题突出，形式独特、新颖、灵活。一是教学方式多样，既有理论讲解，又有实践指导；既有专项知识，又有管理理念；既有案例分析，又有结合实际的解惑。丰富多彩的培训形式，使人更容易接受，学习更加投入。二是通过课堂互动调动大家的学习积极性。通过"查找问题—组织探讨—互动交流—归纳提升"等学习模式，如现场用仪器测试充分调动了大家的学习积极性，提高了参与度。课间，学员们结合本专业实际情况，就具体问题踊跃提问，相互探讨，学习氛围浓厚。三是全体学员利用每天晚间课余时间，分为三个小组，结合每天学习内容、各自项目特点、中美两国差异进行分组研讨。通过对所学课程内容的再梳理、再认识，巩固学习效果，提高学习效率，并有针对性地汇总学员在学习过程中的疑惑和问题，集中反馈给校方。通过研讨交流，相互学习、相互借鉴、共同提高，增进了彼此的了解，产生了深厚的友谊。

四、主要收获及启示

通过本期培训班的学习，全体学员系统了解了美国冬季项目的发展情况及竞技体育后备人才培养方式，具体如下。

（一）注重知识更新，转变执教理念

教练员是专业人才，是运动队伍的核心，一位优秀的运动员能取得一系列优异的运动成绩，一位优秀的教练员能带出一批优秀的运动员。教练员的核心工作之一就是通过科学指导、科学训练，培养运动员的技战术能力、心理能力，为参加比赛取得优异成绩奠定扎实的基础。教练员作为整个训练过程的设计者、组织者和指导者，必须对运动训练的重要性有清醒的认识。特别是知识经济时代和信息时代的到来，人类在生命科学方面取得了突飞猛进的成就，这些生命科学方面的突破对传统的训练手段造成了很大的冲击，教练员必须迅速、及时地了解和掌握这些新的科学知识，才能在运动训练的过程中科学、合理地安排运动员的训练负荷，在训练方法和手段上不断地创新，才能有效提升训练竞技水平。

"兴趣是最好的老师"是美国教练员执教理念的基础。培养青少年对体育运动的兴趣，再逐渐培养其成为专项运动员，对提高运动员训练的积极性，提升训练效率和训练水平具有至关重要的作用。利用举

办"夏令营""冬令营"或其他形式，激发青少年和学生家长的体育兴趣。运动员和教练员之间的沟通渠道要畅通，建立运动员和教练员之间的信任体系，同时处理好运动员、教练员、家庭（或家长）三者之间的关系，形成合力，让更多的家长成为孩子的体育启蒙教练。同时一定避免过早的专项化训练，否则不利于延长运动员的运动生命。

美国体育界现在对运动员的看法在改变。以往教练员就是太阳，所有人都要围绕太阳转；教练员就是权威，运动员就像棋子，好了就用，不好了就"靠边站"。现在情况逐渐转变，教练员的作用是引导和教导，要带领运动员走向成功，要让运动员知道，教练员有丰富的经验，制订计划是为了有效提升运动员竞技水平；要让运动员知道，赢得比赛是靠运动员自己的努力，赢得比赛是运动员自身价值的体现。特别是在职业队，教练员一定要转变意识，军事化的管理已经不起作用了，现在的运动员比以前更聪明、更敏感，必须让运动员知道球队是运动员发展的基础环境，要让运动员知道球队是为了运动员本身的发展而存在的，而不是惩罚运动员的地方。运动员只有想做一件事，才会用心去做，教练员不仅仅是利用自己的权威，更应该注重与运动员交流自己的想法。

（二）加强科技助力，提升科学训练水平

冰球项目在北美的影响力、球队的运营状况以及球队竞技水平都领先于其他项目。此次的培训学习中，有几名老师重点介绍了美国冰球项目的发展，通过讲解，大家对美国冰球联赛有了更加深入的了解。美国冰球运动之所以开展得好，除了参与人口的基数庞大、完善的管理和运转体系外，还因为他们借助现代化的科技手段，利用大数据对运动员比赛情况进行分析总结。例如：一名球员在一个赛季中的比赛

场次、犯规次数、射门统计、防守成功率、传球成功率等，可以第一时间传递给教练员，教练员可根据实际情况进行调整、高效地开展工作。

教练员还可以借助专业公司和专业软件进行数据采集和生成工作，既减轻教练员的工作量，又可以提高数据的准确性。

（三）明确专业分工，打造复合型团队

当代运动训练正在朝着科技体育方向大步迈进，作为一名教练员，不仅要精通专项技术训练，还必须对专项体能训练、战术训练、心理训练、机能监控等多方面的知识有一定的了解和积累，才能适应竞技体育的新发展，才能更加全面、科学地对运动员进行训练。以上多学科的深入学习有助于教练员从多方面、多角度地发现、分析和解决训练中产生的各类难题。

北美职业冰球联盟一直代表着世界冰球的最高水平，举美国著名冰球俱乐部波士顿棕熊队的例子，从复合型教练团队的组成来讲，职业分工越来越细，主教练、助理教练（含守门员教练、滑行教练、技战术教练）、体能教练、营养师、器械训练师、物理治疗师等专业人士各司其职。团队只有更加专业化、分工更加精细化，才能达到高质量、高效率的训练效果。因此，必须认识到，综合性保障团队是运动员取得优秀竞技成绩的必要条件。特别值得一提的是，美国在运动员培养方面特别注重心理专家的指导，帮助运动员建立自信和排解压力，特别是高危项目、团体项目及重点项目运动员。

通过多方面不同层次的学习交流，参训学员增长了知识、开阔了眼界、提升了素质。我们希望抓住北京举办2022年冬奥会的契机，全方位加强我国冬季项目教练员队伍建设，加快体育强国建设。

郭建军司长赠送纪念品

郭建军司长会见佐治亚州立大学荣誉学院院长

获得佐治亚州立大学结业证书

在罗得岛大学中合影

学习成果
与培训总结

汲取创新之智　涵养发展之源

吉林省体育局冰上运动管理中心　安玉龙

带着荣幸、憧憬与兴奋，作为国家体育总局冬季运动管理中心选派的冬季项目教练员，我与各位同学一起开始了在美国的学习生活。其间，我克服了生活、语言和文化差异等种种困难，明确学习目的，端正学习态度，遵守学习纪律，开阔了视野，增长了见识，结交了朋友，达到了培训的预期目的。

一、带着进取的心，学好每堂课

学习是我们最主要的任务，从踏入佐治亚州立大学校园的第一天开始，各项学习就按照既定安排有条不紊地展开了。一是全神贯注听。竖起两耳，不漏过每个句子。二是睁大眼睛看。为了保证能听懂每一堂课，在上课前一天，我就认真研读事先下发的课件，与同学一起探讨，做到心中有数。课后，我积极参与培训班各项活动，深入探访美国校园、社会挖掘现象背后的深层问题。三是张开嘴巴讲。上课过程中，克服害羞心理，积极与教授沟通探讨，和教授课题紧密结合，分类比较。四是拓宽思维。结合自己的工作实际，充分理解美国体育的发展模式、理念战略、俱乐部运作机制等方面的先进之处，及时形成思考文字，为日后工作提供借鉴。

二、带着责任心，用心做每件事

　　教练员的形象关系中国竞技体育的形象，学习的成功标志着培训班的成功。带着提升自己、宣传中国竞技体育的责任，我在美国培训期间做到一刻都不松懈，认真、用心做好每件事情。作为本期培训班的一员，除了做好自己的学习工作，更重要的是服务好培训班每一位学员，及时了解大家的困难，并给予帮助，让我们的学习有进展和成效。同时，通过文字，使大家得到鼓励，在培训班里形成良好的讨论氛围。学习期间，在代表团团长和全体学员的支持配合下，我们利用三个晚上分成三个组进行讨论并完成的论文得到国家体育总局的认可，并被刊登到中国冰雪网上。学习组负责人每天与我们共同学习，对我们的学习态度给予肯定，代表团团长也鼓励我们要认真学习，将来为国家培养更多竞技体育人才，这深深地感动了每一个教练员，也坚定了我更加认真学习的决心。与各位同学生活学习在一起，犹如一个温暖的大家庭。大家相互关心，彼此帮助，每个人都积极为培训班的荣誉做出自己的贡献，维护好中国教练员的形象。这次赴美，不仅是培训之旅、文化之行，更全面展现了中国竞技体育人的形象，在每次座谈、交流和活动中，大家抓住一切机会，积极宣传中国近几年的变化，增加海外友人对中国的了解。

三、带着感恩的心，收获每一天

　　国家体育总局组织这次培训，希望我们能在美国学有所成，回来后对我国冬季项目建设起到积极的推动作用。身处异国他乡的我，怀着感恩的心，时时刻刻想着如何消化、吸收美国的先进经验。我们系统学习了营养学、生物力学、美国俱乐部体制、美国职业冰球发展趋势、美国花样滑冰发展趋势、美国冬季项目体能和力量训练、增进体能项目力量耐力的方法、身体成分和冬季运动原理与实践等多门课程,多次举行讨论会、座谈会、课外研讨会。这些丰富的知识,正好弥补了我因长期在一线训练部门工作而对理论知识学习的不足。美国的学习更让我深刻体会到了"读万卷书,不如行万里路"的道理,也明白了"知难行易"和"知难,行更难"的真谛。人生的经历,停下脚步好好地充电实在是太有必要了,因为只有不断学习才能走在世界的前沿。在源源不断的新知识的刺激下,生活的不适应早已抛在脑后,初到美国的新鲜感也早就被忙碌的学习所取代。可以说,这段时间没有哪一天是碌碌无为,没有哪一天是无所事事,我每天都有新收获,每天都有新感悟。

培训转眼已画上了句号,这次经历虽然只是人生中一个短暂的瞬间,但对我来说,这段时间的收获是巨大的,影响是深远的。赴美培训之行,为我打开了一扇新视窗——汲取创新之智、涵养发展之源。学有所获、学有所为、学有所成的我,今后一定将进一步解放思想,开拓创新,为中国竞技体育做出新的更大的贡献。

对教练员执教理念和钢架雪车运动员陆地专项辅助练习方法的思考

哈尔滨体育学院　高　凡

我有幸参加国家体育总局 2017 年冬季项目教练员赴美国培训班。在培训期间，本人以钢架雪车训练方法作为主要讨论内容，从教练员执教理念与职业素养意识的形成，到针对自身专项的夏季专项训练方法的创新研究，总结出一套教练员在职业理念上应当养成的意识和教学训练过程中的一系列创新训练方法。下面我将这套训练方法及本次在美国培训期间的心得体会与大家分享。

一、执教理念的重要性

理念是行动的先导，一定的发展实践都是由一定的发展理念来引领的。发展理念正确与否，从根本上决定着最后是否成功。理念是人们对所从事工作的一种基本信念，而我想说的是教练员的执教理念是教练员对训练本身及其影响训练因素的理解，是教练员对执教目标、使命以及执教方法等所具有的明确的基本认识，是指导运动训练的思想，包括主要目标和有助于达到目标的信念和原则。理念是整个队伍的未来发展方向，也是竞技者的精神、动力和规则。一个人只要有理想和愿景，一切皆可能！反之，丧失理想，缺乏愿景的激励，即使年龄再有优势、能力再强也不可能取得成功。在运动队中，运动员是核心，而教练员是队伍的领军人物，是引领队伍发展的直接向导，如果没有正确的理念，就不可能夺取胜利。

还有一个实际的例子对我触动很深。1995 年在金志扬任国安队主教练时，董事会讨论名次目标，有人提出"保六争三"，而董事长王军则说不要提什么名次，国安的目标就是要争第一，得不了第一，也要有时刻争第一的想法。这句话虽然简短，但是力量巨大，深入人心。"永远争第一"不是具体的任务，它代表的是一种积极向上、拼搏进取的精神。如果没有争第一的想法，怎么会有争第一的行动！从此"永远争第一"成了国安队的口号、旗帜和精神。直到 2009 年，国安队夺得第一个冠军，这就是坚定信念的结果，是实至名归的。思想上有更深刻、更高尚的理念，工作质量和效果就不一样，所以作为教练员，一项重要的工作就是要为自己、为运动员建立正确的理念。

二、建立理念，认识自我

建立正确的理念包含两个主要任务，一是建立较强的自我意识，逐渐更好地了解自己；二是决定发展目标，目标会限制你以何种方式看待自己的教练角色，也决定着自己的工作应该怎么做。一个人的个性由自我认知（真实自我）、外部认知（公开自我）和期望认知（理想自我）决定，要想真正了解自己，就必须综合这些角度的认识，同时可以与周围的朋友在一起交流，帮助运动员和教练员达成自我认知与相互了解的目的。

三、意识的形成

（一）对象意识

教练员应当养成"对象"意识。教练员是首要，运动员是核心，教学训练的过程是由运动员与教练员组成的，教学不是唱独角戏，作为教练员必须确立运动员的主体地位，树立一切为了运动员"发展"的思想。

（二）训练效益意识

训练课程计划的安排不能随着自己的感觉走，训练效益的评定也不能以时间的长短和所训练内容的多少来衡量，而是取决于运动员在每一堂训练课中实际训练结果的综合指标。说到这里也要提一下现代"数字化"训练对训练效果有效监控的益处。"数字化"训练的指标是教练员合理把控与安排训练计划内容的最佳参考，能够实现训练的可测性与量化，使训练目标更加明确，全面反映运动员的训练水平与教练员的工作表现。

（三）反思意识

每一名教练员都应当不断反思自己的日常教学训练行为，例如"我教学的方式有效吗？""什么样的教学方式最有效？""有没有更有效的教学方法？"。同时，也要反思自己有哪些做法不妥当。

（四）个性化理念

现代教育强调尊重个性，鼓励个性发展，该理念同样适用于竞技体育教学中。不同的性格特点、身体运动姿态等，会使运动员表现出不同的技术动作，这是个体差异在运动训练后所表现出来的技术动作上的差异。技术动作没有一套固定的标准，它是随着技术与器材等诸多方面的发展而不断探索与改善。作为教练员应当理性对待不同技术动作的差异性，准确判断不同动作中哪些是错误的，哪些是不确定的、有待研究的，对所发现的技术动作的不同特点进行深入分析，找出不同技术动作的优势，主张针对不同的技术动作特点采用不同的训练方法和评估标准，为每一名运动员的个体技术动作充分发展创造条件。

四、专项技术训练方法的创新

运动训练过程包含理论与实践两个方面的教学训练工作，教练员这两方面的能力水平必须同步提高。只搞实践不搞科研的教练员，其认知水平是肤浅的；只搞科研不搞实践的教练员，其科研能力再强也是不够的。

笔者认为创造性是对常规性的突破，教练员应当不断突破旧的教法，无论是内容上还是形式上，都应当不断地探索与创新。

（一）开展创新工作

1. 专项技术讨论会

教练员日常工作繁重，长时间脱离实践体验，理论水平与实践水平发展不平衡，造成实践水平无法持续提升，不能与理论水平有效地结合。运动员的实践量远远大于教练员，教练员也应认真分析与参考运动员在实践中获得的真实感受，以最大限度地更新专项技术的实践知识，了解运动员当前水平。定期组织专项技术讨论会是创新性训练方法研究和训练科研跟踪的有效途径之一，双方可以在交流中交换灵感，促进创新。

2.调查问卷

定期调查运动员对训练内容的体会与感受，以及运动员认为让自己某一能力提高最快的训练内容，同时利用调查让运动员写出自己对某一练习内容、训练方法的改善建议。这一方法与专项技术讨论会相结合，可以避免性格因素所导致的在公开会议中不能将自身感受完美叙述的情况，同时文字的调查方式可以让全队进入主动思考状态，也是促进创新、改进训练方法的有效途径之一。

（二）专项训练方法

1.低交姿势辅助器材练习法

通过该专项训练法，可提高钢架雪车前半推车技术中运动员的专项协调能力，以及在推车技术阶段中肌肉的耐酸能力，增强肌肉力量，提高肌肉供能效率、专项爆发力，提高速度素质。练习过程中运动员模拟专项推车姿态进行准备，在惯用推车手的一侧放置一个杠铃片，此杠铃片竖立后的高度应当与该运动员的雪车把手的高度基本相似。运动员在杠铃片立起的状态下，以单手轻持铃片顶端的方式开始推车姿态的原地交替弓步的练习，如图1（右手持铃片）、图2（左手持铃片）中展示的练习方式，重复该动作10~15秒。在实际比赛与训练中，该技术阶段的男女运动员一般在4.5~5.5秒完成整个过程，10~15秒是实际情况的2~3倍。

图 1 铃片专项练习（右手）

图 2 铃片专项练习（左手）

2. 专项球练习法

运动员通过该专项训练法增强了力量耐力，提高对钢架雪车前半推车技术的熟练程度，以及在推车技术过程中身体与雪车配合的协调能力。练习时，运动员身体成推车准备姿态，在惯用推车手的一侧放置与雪车把手高度接近的硬式实心球，实心球重量的选择根据运动员实际能力而定，如图 3、图 4 所示动作。

图 3 滚球练习侧面图

图 4 滚球练习正面图

训练开始时运动员推动实心球使球前滚，与此同时，运动员以推车屈膝走的姿势跟随，并持续对实心球造成向前的推动力，使球不断向前滚。

3. 瑜伽呼吸三步法

钢架雪车专项内容中包含两个技术环节，即出发阶段的推车环节和滑行环节。在训练与比赛中，运动员需要推车向前奔跑约 15 米，然后在进入计时区之前跳上雪车呈俯身的滑行基本姿态开始滑行。运动员在全力推跑后俯身上雪车时心率会达到 125~135 次／分，借鉴瑜伽呼吸法进行练习，找出合适的呼吸方式有助于机体在专项姿态基础上心率快速恢复平静，使姿势迅速稳定并全力集中于滑行技术环境，对提高运动员滑行技术有重要作用。

（1）腹式呼吸（横膈膜呼吸）：这是一个简单有效的呼吸练习，可以选择坐姿或仰卧姿态开始这个练习，首先将双手放在肚脐区域，不要施加压力。吸气时，感觉气沉肺底，因为横膈膜下沉，使腹部内脏器下沉，小腹起涨，双手被小腹抬起。呼气时横膈膜渐渐复位，小腹回落。当气将呼尽时双手稍微向下施压，感觉肚脐内收并上提，彻底呼尽肺底残留气体。可保持吸气 4 拍，呼气 4 拍，建议每天练习 100~200 次。这是所有呼吸技巧的基础，是最安全有效的呼吸练习方式。

（2）锁骨呼吸：将双手放于锁骨两侧，不要施加压力；慢慢吸气，始终保持腹部和肋骨收缩。感觉双手被锁骨推起；慢慢呼气，继续保持腹部和肋骨收缩。感觉双手和锁骨回落；过程中可保持吸气 4 拍、呼气 4 拍。此方法有利于形成全肺呼吸。

（3）瑜伽专项呼吸：将瑜伽呼吸中的完全呼吸法与专项姿态结合进行呼吸，此方法应在上文的两种基础呼吸法完全掌握后进行，可以选择任何瑜伽坐姿或仰卧放松开始这项练习，这里我们在掌握此种呼吸法后将采用趴俯式的专项姿态进行呼吸练习。将三种呼吸技巧结合起来就形成了完全瑜伽呼吸，也就是全肺呼吸。这三种呼吸应衔接得顺畅而自然，就像一个稳定渐进的波浪滑过胸腹。首先，慢慢吸气，小腹起涨，在保持小腹起涨的前提下继续吸气至肋骨扩张，保持现在的体征，放松肺上部吸气，锁骨上推，肩稍耸。然后，慢慢呼气，肩放平，锁骨下移，肋骨回缩，小腹内收上提。过程中可保持吸气 4 拍、呼气 4 拍，建议每天练习 100~200 次。这种呼吸方式可使血氧含量增加，肺部组织功能更为强大，从而增强身体抵抗力。身体同化及氧化能力增强，活力、耐力、协调感和集中能力增强，神经系统镇静下来，心率平稳，不仅有助于钢架雪车项目运动员在比赛中调整与稳定呼吸，还可以在日常训练活动中帮助其恢复。

4. 跑步机系列练习法

钢架雪车出发阶段的推车环节是最能体现项目要求的短跑速度能力的，也是最要求爆发能力的环节，它需要运动员在最短的时间内发挥出最大的力量。因此，我们可以从肌肉的收缩力度入手，在提升运动员短跑速度的基础上增强专项力量。

（1）跑步机—坡度练习法：此项训练需要在带有调整上下坡度功能的跑步机上进行，主要从上、下坡两方面入手，以专项推车跑动姿态为基本练习姿态，在惯用手的一侧放置与运动员实际比赛中雪车把手相同高度的把手，初期练习时可以在脚腕等部位绑上 5 千克的负重（沙袋）以达到增加难度的目的。在完全适应该练习内容的前提下，再逐渐增加负荷重量并可以在手臂上添加负重以增加手臂带动能力，提高步频与上、下肢协作能力，同时此方法有助于增加专项力量，使各关节肌肉适应专项各个角度的用力，以达到提升专项推车综合能力的目的。

（2）跑步机—超速练习法：此练习法只需要带有加减控速功能的跑步机，练习的姿态与跑步机—坡度练习法相同，以专项推车姿态开始；教练员调控速度，将跑步机的速度由慢至快地调整；当运动员感受达到自身可控的最高时速时，教练员应当记录该速度档位，之后让运动员反复在该档速下练习，在运动员适应该速度的练习时，调高速度档位，使运动员被动加速以保证能够持续奔跑，直到运动员再次适应每个层次的速度时再逐渐提高档速，以完成提升专项推车最高速度能力的练习。此种加难练习方法，需要教练员在跑步机后方放置安全保护垫，防止运动员因疲劳或失误脱离跑步机发生危险。同时，教练员应当在训练过程中时刻了解运动员的心率、呼吸频率以及自身感受等信息，并根据运动员实际训练水平制订训练量、速度、强度计划，避免发生意外。

（3）跑步机—等速练习法：等速练习一般运用特殊仪器设备进行，是肌肉在等速的情况下收缩的训练。这种方式可以使关节肌肉无论在何种角度，都可以在速度不变的情况下发挥最大的力量。笔者设计创新的等速练习是指在慢等速的情况下，运动员以专项推车姿态在跑步机上进行的练习，同样在推车手的一侧放置一个与雪车把手高度相同的模拟把手，在练习过程中教练员应当将跑步机的档速控制在低于正常步速的速度上，在此速度标准下进行慢步的专项推车练习。此种辅助练习可以让运动员在慢速、超慢速的情况下体会专项推车动作的感觉，在每一个技术动作的微观结构上体会肌肉用力的感觉和动作姿态，纠正、改善了动作姿态，又增强了肌肉关节在此动作上各个角度的力量与稳定性。

对力量训练的再认识

黑龙江省冰上训练中心　刘广彬

国家体育总局 2017 年冬季项目教练员赴美国培训班，在美国的佐治亚州立大学和罗得岛大学进行，此次培训涉及运动训练学、运动生物力学、运动医学、运动营养学和一些实践与理论相结合的课程。此次培训是一个理论与实践结合的完美过程，让我了解了近几年体育科学理论、实践的前沿信息和课题研究成果，这些知识对每位教练员今后的实际工作都会起到了重要的作用。下面我将培训内容做一总结。

一、功能性力量训练和传统力量训练的区别与联系

（一）功能性力量训练

功能性训练起源于损伤康复，物理治疗师在治疗运动员的损伤时通常得出这样的结论：损伤由于稳定肌功能欠佳，作用力转移至另一肌肉造成。功能性训练能让我们的肌肉学会协同发力去完成某一个动作，让动作实现更大的效益。

（二）传统力量训练

传统力量训练专注于单块肌肉，在力量增加的同时，肌肉体积也增大，这样带来的后果是身体的弹性丧失。任何身体素质都是通过一定的肌肉工作方式来实现的，而肌肉的力量是人体一切活动的基础，力量素质决定速度素质。运动员的力量素质，直接反映了运动员的运动技术和运动成绩。

（三）两者之间的关系

其实功能性力量训练和传统力量训练没有一个明确的分界点，无外乎是运动员为了达到自己不同的目的选择了不同的训练方法，那么它们之间又有什么联系呢？功能性训练可以看作是一种有目的的训练，增加围度，增强肌力和肌肉耐力也是目的的一种，所以说，功能性训练包含了力量训练，而力量训练不完全包含功能性训练。传统力量训练是把我们身体的肌肉拆分开来锻炼，尽量避开非目标肌肉发力，使我们的目标肌肉能够获得更多的刺激。

二、功能性力量训练的特点

（1）人体的大部分肌群是纵向排列的，而另外一部分是斜向排列的，在完整的运动过程中，需要多块肌肉参与做功，形成运动链，因此功能性力量训练注重多角度，在运动链各个平面协调练习，使身体具有一定的灵活性。

（2）功能性力量训练将核心部位的稳定性作为重要内容。肩关节以下、髋关节以上称为人体的核心区域，运用到实际训练中，稳定性越好越能发挥自身的力量。功能性力量训练是让力量增长的同时兼顾整体平衡与协调的体能训练，是在技术提高的同时兼顾全身的稳定与统一的专项训练。

（3）功能性力量训练强调的是动作的一体化和控制下的动态平衡，尤其是速度滑冰运动项目，是利用器械的运动，要在动态中保持平衡才能获得最佳的蹬冰效果，平衡性是不可缺失的能力。

（4）功能性力量训练着重于肌肉与肌肉之间、关节与关节之间的协同配合能力，身体肌肉与肌肉、关节与关节之间要有一定的协调性，才能实现最终的发力。

三、功能性力量训练需要注意的问题

首先，我们要对运动项目进行合理地分析，分析在运动中涉及的肌肉做功形式；其次，评估运动员的运动模式，如是否存在不正确的动作，发现运动中的差异有助于我们确定薄弱环节，并帮助确定纠正的方向；最后，利用功能性力量训练帮助运动员解决存在的问题，最终实现理想的运动表现。

循序渐进，由简到难，合理运用。在训练中选择运动员能够承受的训练强度。考虑其肌肉、神经和骨骼的承受能力，身体发育的水平，认知的现状，循序渐进地安排训练方式与训练量。

了解运动员的伤病史，避免伤病复发。先练习一些简单的内容，避免强度、难度过大，给运动员造成更严重的伤害。

根据训练的相似性和相同性，判断出运动模式的相近性，根据运动模式设计出结合本专项运动训练的技术动作，使力量与专项结合得更紧密，达到专项、力量一体化。

四、功能性力量训练在速度滑冰训练中的应用方法

制订功能性力量训练计划的关键是不要让运动员在任何方向上练

得太多，也要注意运动员髋关节、躯干和肩部后群稳定肌群的发展。具体训练方法如下。

（一）单侧训练方法

1. 单腿站立台阶下蹲

动作要求：利用 50~100 厘米高度的台阶，一条腿站在台阶边缘，控制平衡做下蹲动作，重复进行。

注意问题：单侧站立，注意髋、膝、踝保持在一条线上，尽量保持身体平衡。

2. 单腿站立原地下蹲

动作要求：原地单腿站立，控制平衡向下做下蹲动作，重复进行。

注意问题：单侧站立，注意髋、膝、踝保持在一条线上，尽量保持身体平衡。

备注：为了增加动作的难度，提高运动水平，运动员可以双手拿哑铃、壶铃等负重器材。

（二）单侧超负荷训练方法

1. 壶铃单腿硬拉

动作要求：右腿着地，单腿站立，左腿稍后移至右腿后侧，慢慢抬起，将重心前移。保持躯干处于平直状态，肩胛骨相互靠拢，左手紧握壶铃。两侧交替进行。

注意问题：保持髋和肩部水平。

2. 壶铃土耳其起立

动作要求：仰卧在地面上，右手持重物，右臂向上伸直，锁定。肩部保持紧张。屈右腿，右脚置于左膝旁边。右脚蹬地，翻身，以左髋为支撑，上体继续移动，左肘触地。以左手和右腿支撑身体，身体继续上移进而离地，左腿后移，左膝跪地，深呼吸，绷紧肌肉，利用箭步蹲动作起立。把以上步骤颠倒过来，回到起始位置和姿势，算是一次土耳其起立的结束。

注意问题：这是一个全身动作，有利于发展肩部力量，需要避免手臂弯曲。

（三）不稳定训练方法

1. 单侧平衡球下蹲

动作要求：一只脚踩在平衡球上，做下蹲动作。

注意问题：尽量保持身体平衡。

2. 单侧平衡垫下蹲

动作要求：一只脚踩在平衡垫上，做下蹲动作。

注意问题：尽量保持身体平衡。

（四）弹力带训练方法

1. 弹力带硬拉

动作要求：用一条弹力带，右腿着地，单腿站立，弹力带勾住左脚脚底，和双手成对抗姿势，慢慢抬起，将左腿重心前移，使躯干处于平直状态，肩胛骨相互靠拢，脚和手臂尽量向前后用力拉长。

注意问题：保持髋和肩部的水平。

2. 弹力带弓步拉力

动作要求：弓步姿势，弹力带放在前弓步腿膝关节的位置，借助外力进行伸展，拉长。

注意问题：弹力带的拉力根据自身的情况掌握。

五、小结

以上是本人通过本次培训对力量训练的再认识。只有在不断学习和不断探索中找到并解决运动训练中存在的问题，才能让运动更加合理、更加有效率。理论联系实际，只有根据不同运动项目的实际情况和特点，更准确地找到运动员在运动中的薄弱环节，才能为其选择适当的训练方法，进而获得训练的成功。

单板滑雪 U 型场地技巧项目
力量素质训练的探讨

哈尔滨体育学院　　潘立权

一、单板滑雪 U 型场地技巧项目力量素质训练的重要组成部分

力量素质是体能训练的主要内容之一，无论何时，技术稳定性都建立在良好的力量基础上。力量能力与速度、柔韧和协调等素质的有机结合，不同肌肉和肌群之间在时间和空间上的精确配合，是提高技术难度和保证动作稳定的关键 。[①]力量素质又依据完成不同专项动作的做功方式、运动时间、表现特点等划分为多种不同的子系统，如一般力量、专项力量、稳定性力量和快速力量以及力量耐力等。

根据单板滑雪 U 型场地技巧项目的竞赛评判标准，要求运动员在滑行过程中保持上体的稳定并且完成多次空中的跳跃。最终以腾空高度、动作种类、空中难度等指标综合评定运动员的比赛成绩，在此过程中运动员的核心区域稳定性决定了运动员的上体形态，而核心区域的动力性力量对运动员的空中动作起到了创造支点并加速旋转的作用。

---

① 牛雪松. 我国自由式滑雪空中技巧运动员力量训练划分研究［J］. 沈阳体育学院
　　学报，2010，12（6）：16-18.

因此核心区域的稳定性力量和动力性力量应该作为单板滑雪 U 型场地技巧力量素质训练的重要组成部分。

二、核心力量简介

"核心力量"这一概念是伴随着核心稳定性出现的。人体脊柱的"二柱理论"详细介绍了人体脊柱的基本结构和脊柱的稳定性以及二者之间的关系。丹尼斯在此基础上提出了"三柱理论",他认为前柱由前椎体、前半椎间盘、前纵韧带组成,中柱由后半椎体、后半椎间盘和后纵韧带组成,后柱的构成部分与"二柱理论"基本一致。

此后,脊柱稳定性和核心稳定性的概念被提出,此后柯柏斯将核心稳定性概念引入竞技体育和康复领域。

韩春远在总结前人研究的成果上,结合人体发力原理及其与呼吸运动之间的关系,提出了核心稳定性四亚系结构模型。他认为核心区域的稳定性受神经、肌肉、骨骼韧带和呼吸四个子系统协同整合,因此核心区域形成一个圆柱形的缸体,为肢体的发力建立支点。随着核心稳定性这一概念的提出,核心力量的概念也随之而生,并逐渐被应用于竞技体育的训练中。

在了解核心力量之前,我们还需要清楚地了解核心区域的概念,目前关于人体的核心区域的划分尚不统一,但主要存在两种划分方式,主要的区别在于是否把髋关节周围以及近侧下肢划分在核心区域之内。解剖学的大部分研究将核心区域定义为腰椎、骨盆、髋关节部位,认为核心部位的顶部是膈肌,底部为骨盆底肌和髋关节肌。

柯柏斯等认为身体核心区域的骨骼肌包括脊柱、臀部和骨盆、腹部结构以及下肢近端。[①]

有专家指出，虽然髋关节对于核心区域以及下肢的连接起到了至关重要的作用，但当讨论核心稳定性时最好不要把髋关节划分在核心区域之内。[②]

由于对核心区域有着不同的划分，故核心区域所包含的肌肉数量也不一样，比如：王卫星教授认为人体的核心区域内包括 29 块肌肉，而陈小平教授则认为核心区域内应包含 34 块肌肉。

近年来，随着对核心训练的不断研究，对核心区域的概括又有了新的定义，即"核心柱"。这个概念源自美国 AP（Athletes Performance）训练中心对核心区域的研究，他们认为按照解剖学和人体的位置划分，可以将人体划分为核心柱力量和四肢力量，其中核心柱就是从人体的颈部以下到髋关节以上的区域，在这个区间内主要是由脊柱连接的，因此又被形象地称为核心柱力量。这个概念的界定不仅仅包含了之前提到的胸椎、腰椎、髋关节，还涵盖了肩带周围的肌群。

核心训练是针对身体核心肌群进行稳定、力量、平衡等能力的训练。[③] 从定义中我们可以知道，核心训练中还包括对核心区域的力量训练和核心稳定性训练，这两个概念是核心训练的子概念。

核心力量是指一种以稳定人体核心部位、控制重心运动、传递上下肢力量为主要目的的力量。[④]

① KIBLER W B, SCIASCIA A.The role of core stability in athletic function [J]. Sports Medicine, 2006, 36（3）：189-198.
② BORGHUIS J, LEMMONK M. The importance of sensory-motor control in providing core stability.[J]. Sports Medicine, 2008, 38（H）：893-916.
③ 黎涌明，于洪军，资薇，等. 论核心力量及其在竞技体育中的训练——起源·问题·发展 [J]. 体育科学, 2008, 28（4）：19-29.
④ 李文霞，吕洪. 投掷运动员"核心力量"的训练手段与方法 [J]. 湖南农业大学学报（社会科学版），2008, 9（5）：128-129.

核心稳定性是人体在运动中通过核心部位的稳定为四肢的发力创立一个支点。笔者认为，无论是核心稳定性训练还是核心力量训练都是核心训练的一部分，本文中统称为核心训练。

三、核心力量训练对单板滑雪 U 型场地技巧项目的作用

单板滑雪 U 型场地技巧项目是在长度为 180 米、宽度为 20 米、高度为 7 米左右的 U 型管壁中进行的，运动员在整个滑行过程中还要完成多次腾起翻转动作。最终成绩主要从高度、难度和动作种类等方面综合评定。

躯干的稳定性对单板滑雪 U 型场地技巧运动员在滑行过程中保持身体姿态起到了至关重要的作用，尤其针对翻腾技术。

戈夫根据肌肉功能不同将核心肌肉分为稳定肌和运动肌。稳定肌多为单关节肌，位置较深，往往通过离心收缩控制身体的活动以及保持身体姿势，比如多裂肌、腰大肌、膈肌等。运动肌多为双关节肌或多关节肌，位置较浅，往往通过向心收缩产生力量和加速度运动，比如腹直肌、腹内斜肌和腹外斜肌等。

关于核心稳定性的机制，有专家认为，它是由被动亚系、主动亚系以及神经控制亚系构成的。核心区域的稳定性不光在滑行过程中起到了稳定躯干的作用，也是"运动链"的中间环节。核心区域的稳定性还发挥着滑行以及跳跃之后的缓冲作用，减少髋关节以及膝关节的承载负担。因为单板滑雪 U 型场地技巧是在高速滑行过程中不断地进行身体姿势和动作变化转换，下肢肌群在不断进行被动的快速伸缩运动，也就是不断进行由离心收缩到向心收缩的转换，那么如果核心区域的稳定性力量不够，就无法承载和吸收由 U 型壁反弹上来的力，因此，

如不能控制上身身体形态，肯定不能很好地进行膝、髋缓冲。

此外，如果运动员核心区域的稳定性不够，也必然导致其滑行过程中身体形态的改变，控制能力下降导致身体过分前倾或者后倒，由此出现损伤的概率也会大大提高。加强核心区域的稳定性可以有效减少运动员伤病的发生。

人体运动是运动链多关节、多平面的运动，所有动作都是各环节之间相互协调配合完成的。核心区域作为运动链的中间环节，它可以将来自地面的力量有效传递至上肢，以达到对上肢或所持器械的最大加速或减速的作用，也可以将上肢动量传递给下肢，调整下肢肌群对地面的作用力度，从而提高上下肢或技术动作间的协调工作效率。

如果核心部位没有足够的稳定能力，力量在上下肢的传递过程中被减小或分散，最终影响运动完成的质量。例如：在单板滑雪 U 型场地技巧运动员高速滑行过程中，需要不断承载来自下肢作用于地面的反弹力，如果核心区域的稳定性差，必然导致上肢负荷加大，由此产生的直接效果是原本需要手臂来帮助躯干维持稳定的标准动作，不得不利用手臂的屈伸甚至触及 U 型壁来加大支撑力量，以此来帮助维持上身稳定。这样的滑行无形之中加大了肩关节和肘关节以及腕关节的负担，也相应地提高了出现伤病的概率。同样的原因，如果运动员核心区域的稳定性力量不够，即出现运动链中的"弱连接"，就会出现代偿性动作，即身体的某一个部位由于能力不足或者伤病、疲劳等原因，失去原有的功能，需要其他部位额外做功帮助完成动作，这样就容易给其他部位造成负担甚至损伤。

单板滑雪 U 型场地技巧滑行过程中，运动员如果因核心稳定力量不足而出现"弱连接"现象，膝关节就会相应地出现代偿性动作帮助控制身体重心以保持平稳，而膝关节是一个以稳定为主的机械性关节，过多的非屈伸动作必然会对关节产生不好的影响甚至直接造成损伤。

在单板滑雪 U 型场地技巧比赛的过程中，运动员多次跳跃并在腾空之后做出一定难度的动作。在腾空完成动作的过程中，因为人体没有稳定的支撑，这时要完成翻转、旋转等动作时核心区域的力量和稳定能力将成为主要的发力源，并起到保持平衡的作用，帮助人体在空中保持身体形态并加速、减速和旋转以完成空中动作。最终的动作完成是核心区域以及其他肌群共同通过整合性力量来完成的，也就是说核心区域的稳定肌群帮助运动员保持身体形态，而核心区域的动力性力量主要帮助运动员完成空中的空翻、转体等动作，核心区域的动力性力量多来自表层的大肌肉群。

运动员核心区域的动力性力量不足有可能造成其动作完成质量差以至于影响到落地的稳定和接下来的滑行动作。因为空中翻腾类动作主要是通过侧肌群做功，如腹内斜肌和腹外斜肌等，而屈体类动作主要是靠屈伸肌群做功，如腹直肌和竖脊肌等，由此造成的空翻不足容易发生落地后倒，旋转不足则容易发生侧倒。

可见，好的核心区域动力性力量是完成空中动作的前提，也为后续的高质量滑行创造了先决条件。

四、结论

综上所述，在单板滑雪 U 型场地技巧项目的力量训练中，应重点强化核心区力量训练。

浅谈从专业化走向职业化的女子冰球发展

哈尔滨市冬季运动项目训练中心　齐雪婷

随着冰球运动的发展，女子冰球项目在世界上的影响力正逐渐扩大，得到越来越多的关注。女子冰球虽然没有男子冰球具有强烈的冲击力，但有着细腻的技战术和柔中带强的身体对抗，给观众带来与观看男子冰球不一样的感觉。国际女子冰球比赛由最开始的十几支队伍到现在近四十支队伍，这也足够证明，女子冰球项目的发展速度。近10年时间，欧洲多数国家的女子冰球项目得到越来越多的重视，水平迅速得到提高，缩小了与加拿大、美国的整体水平差距。奥运会、世界锦标赛的赛场上，也不再只有北美两支球队。曾经国际上只有男子冰球职业球员，而今女子冰球球员的职业化也在渐渐提升。

这次参加冬季项目教练员赴美国培训班，通过多方面知识的培训，再结合女子冰球项目特点，我对于专项技术的指导特别是对女子冰球项目的发展，有了一些新的认识。

一、科学训练

（一）职业化的教练团队

在体育迅速发展的今天，教练员早已不再是单独作战，一个取得成功的队伍都有一个强大的教练团队。教练团队在职业化球队的发展过程中，更加细化了各项工作，从而提高了工作效率，并且针对性会更强。主教练制订队伍的目标和布置整体的战术安排，并将训练目的与每个分管教练进行反复沟通，最后达到训练效果与队伍建设的一致性。主教练在掌握各方面知识的同时，更要清楚的理念是单个项目的专业内容，由专业人士来执行，如因训练内容和观点与分管教练发生冲突时，主教练与分管教练需进行有效沟通。包括在比赛或训练中需要有各项数据的支持。如：在训练中，球员传接球的成功率，射门的球速、准确性等一系列的技术数据；比赛中，在队员席的几名专项教练和助理教练，都会配备联络系统，当场上的队员出现技战术的问题时，在赛场的最上方，有专业人员以数据、录像的方式分析，并通过耳机及时通知分管教练，以便随时进行调整。

除教练团队外，球队还有医疗团队、宣传团队等一系列的保障团队，有效地提高了运动员的训练效果，帮助运动员提高了在赛场上的运动表现。

（二）运动员的营养补充

通过本次赴美国培训，我对于运动营养方面有了一些新的认识。关于运动营养方面的知识，专业机构的人士在不断地研究，随着体育的发展，运动营养方面的知识也在不断地更新。

关于运动营养补充方面，要避开以下四大误区。

1. 误区一：以体重为衡量标准

当运动员需要减体重时，先要清楚想减掉哪部分的重量。当控制重量时需要减掉的不是肌肉的重量，而是脂肪的重量。因此，当发现重量与之前相比增多时，先要清楚是哪里的重量过高——肌肉或脂肪。如脂肪含量高，肌肉含量不足，那么限制饮食会是很危险的策略。当限制卡路里的摄入时会让肌肉含量快速下降，减少的并不是脂肪；而此时若重新摄入卡路里，增长更多的是脂肪，而不是肌肉，因此我们要停止使运动员减少肌肉含量的做法。当运动员进行有一定强度的训练时，身体的水份含量指标会上升，这对心脏功能和汗液的新陈代谢是有益的，因此，体重上升并不能证明是身体脂肪有所增长。

2. 误区二：低热量饮食是一种有效的减肥策略

研究证明，从来不吃早饭的人，体重会更重，会更肥胖。血糖过低，会致使肌肉的能量受到损失，大脑更容易疲惫（运动员在饥饿状态下训练是非常错误的做法）。

3. 误区三：只有吃得过多才会引起肥胖

事实上，人是非常有效的"机器"，吃得很多会变胖，但当我们吃得很少的时候，会损失肌肉的含量，机体为了适应这种"饥荒"的模式，会积累更多的脂肪，因此会更加肥胖。

最好的策略：在有一定能量保证的情况下，消耗一些能量后及时地补充更为重要。

4. 误区四：摄入过多的糖会导致肥胖

运动员在高强度的训练后，糖是最有效的补给。运动饮料的含糖量就比较高。

（三）培养运动员走向职业化

运动员逐渐走向职业化，对其本身的综合素质有了更高的要求。在已经很成熟的职业化道路上，运动员对自己的职业有着深入的了解和自己的见解，而不仅仅是被动训练，职业运动员会进行专业知识的补充，如身体机能、结构、体质、肌肉及运动生物力学等相关知识，丰富有关职业运动项目的知识后，其接收教练员的教学信息效果也会更好。

二、新的篇章：冰球的新时代

目前，中国冰球协会已经成立，这有助于将项目的规划延伸至俱乐部，以吸收更多喜爱、热爱冰球的爱好者，这样也会给予这些爱好者一个固定的场所从事冰球运动，如希望继续提高技术水平，或者有更高追求的人，也可继续留在俱乐部打球。当技术水平达到一定程度的时候，运动员也可参加国家队的选拔营。

中国冰球协会与昆仑鸿星冰球俱乐部共建计划后，我国的冰球运动正在向职业化靠近。为备战北京 2022 年冬奥会，更有效地提高整体技术水平，两支女子冰球队参加了加拿大女子职业冰球联赛，与世界顶级的女子冰球运动员同场竞技，她们不仅可以在比赛场上学习技战术，还可以在平时训练中近距离地看到优秀的外籍球员的训练状态，真正地与国际接轨。

三、在发展道路上的中国女子冰球

我们在学习的路上，不断地学习，不断地更新。通过学习充实自己，更新对冰球的认知，在相互交流中成长。通过学习来丰富自己，感染他人。体育，本身就有着一种独特的魅力，越深入学习就越会发现，需要深入探索和研究的知识很多，也正因如此，才会有更多的人不断地进行探究。

我会在今后的训练中学以致用，将理念与实践全部应用在赛场上。感谢各级领导给予此次学习机会。中国女子冰球，在路上，在发展中。

浅析上海青少年冰上项目训练计划

上海东方体育中心　史春燕

我非常荣幸能够参加国家体育总局 2017 年冬季项目教练员赴美国培训班，美国佐治亚州立大学与罗得岛大学是有名的学府，我非常珍惜此次难得的机会。

在学习过程中，我带着问题去发现、去钻研、去研讨，结合上海开展以上项目的实际情况与教学经验，与全团 21 名成员交流经验，互动互通的同时也产生了一份强烈的责任感——我能做些什么。任重道远，应该珍惜时间，明确任务，做充分准备，拟定出上海青少年冰上项目的训练规划。

上海目前开展了四个冰上项目——冰壶、冰球、花样滑冰、短道速度滑冰。下面以冰壶项目为例拟好训练规划。

一、制订训练规划

根据本次教练员培训学到的内容，结合 2017 年全国冬季项目比赛，科学认真地做好全年、季度、月、周计划。做到拥有系统规划性强的训练手段，高度重视基础训练，遵守循序渐进的训练原则，具体教学训练包括以下部分。

　　上海队的运动员多为学生运动员，要以预防运动伤病为前提制订训练计划，"体教结合"把防止运动员伤病放在第一位。

　　冰壶专业训练：包括陆地技术体能训练、冰上分解动作训练。所有的运动项目都要求选手具备较高的身体素质，尤其在赛前训练中更为重要，需通过提高训练强度，逐步提高选手心血管系统的抗压能力及供氧水平。为了保证选手在高强度的竞赛中保持良好的竞技状态和机能水平，必须通过各种训练方法和手段努力提高运动员的综合素质。

　　冬季项目的体能训练：在寒冷环境中训练会增加心血管的收缩压，所以全面系统的身体素质训练是十分必要的，并应贯穿于全年训练计划的每一个阶段，运动员应具备较好的协调性和稳定性、控制能力、力量、爆发力等。要在不同训练阶段采用多种训练方法和手段才能提高运动员的身体素质，从而保证冰上技术水平的正常发挥。

　　上海冰上项目的数据、研发：与上海体育科学研究所等相关科研部门建立课题，建立南方城市冰上运动项目数据库。

　　心理素质训练：在训练和比赛中，每位运动员都会有不同的心理活动，心理素质往往对运动员在赛中能否发挥最佳水平和保持最佳状态起到至关重要的作用，所以有针对性地进行心理训练是十分重要的。心理素质训练分为一般性心理素质训练、赛前心理素质训练、赛中心理素质训练三种。心理素质训练应贯穿于全年训练的各个阶段，并根据具体情况制订有针对性的心理素质训练计划。

　　注重运动营养学：耐力训练注重补充蛋白质，力量训练注重补充碳水化合物，合理的饮食补充会更有效地提高运动员的运动成绩。

　　反兴奋剂：对上海冰上项目运动员无法做到饮食全部监控，所以要加强反兴奋剂的宣传、讲座、学习等。

提高教练员的自身素养：教练员只有不断地提高自身素养才能更好地带动运动员。教练员因场上训练时间少，场下时间多，所以在训练之余做好数据整理，以便提高训练的效果，最大限度提升管理和教学质量。

二、队伍建设

在培养运动员技术之前，先培养其职业精神，教会他们如何分配生活和训练时间，对待训练要一丝不苟，生活上要更加自律。双休日训练课之余对运动员进行作业辅导，指导运动员做好学习与生活的规划。

根据运动员的测验结果与日常训练课的表现，从校队里按性别各优选出 3 支队伍，与后补运动员组建冰壶集训队，共 40 人。建立集训队的进、出机制，可多甄选一些后备运动员。将进步明显、认真积极的运动员提升到集训队，否则退回校队。

每周三晚，周五晚，周六、日上下午，统一训练、磨合。

由于学员居住比较分散，可根据情况租用校车接送或双休日提供集体住宿。

三、训练周期和主要任务

（一）准备期（每年的 5 月—9 月）

将冰上训练和陆地训练相结合，本期主要任务是运动员学习和掌握不同等级的新技术动作和相关理论知识，在进行全面身体素质、技能素质训练的同时，重点掌握冰上新技术动作要领，通过反复的训练，不断改进技术，提高动作的熟练性、稳定性和成功率。此阶段还要准备好装备（冰刷、冰壶鞋、服装等），并开始对运动员进行一般性心理素质训练、赛前心理素质训练，帮助运动员调整心态，准备参赛。

（二）竞赛期（10月—第二年3月）

要最大限度地保持运动员的身体素质。统筹安排各项重大赛事，尤其要制订好两次重大比赛之间短周期的训练计划，科学合理地安排两次比赛之间的训练节奏和内容，正确地处理训练总量和强度的关系，让运动员以良好的竞技状态参加比赛。赛中的心理素质训练十分重要，尽量使运动员排除所有外来干扰，做到集中全部精力投入训练和比赛中。

（三）过渡期（第二年4月—5月）

在全年比赛结束之后，要改变环境进行积极性休息和调整。在此阶段，不应完全停止训练，应适当地安排多种形式的辅助性训练。从上一年（赛季）的紧张训练和竞赛中解放出来，认真总结比赛，进行全身心放松，使疲劳得以全面调整和恢复，为下一年（赛季）做好必要的准备。

四、训练培养目标

（一）第一阶段（3~6个月）

这一阶段主要培养运动员的协调性、灵活性、柔韧性、团队意识，以强化冰壶基础动作为主。

陆地训练：腰腹肌训练，模仿冰上滑行姿态及滑行分解动作练习，组队游戏（球类、接力等）。

冰上训练：横杆、竖杆、持壶、障碍训练等。

目标：让运动员通过第一阶段的强化训练感受到冰壶的魅力，能掌握基本的滑行姿态以及专项分解动作，在训练、游戏当中逐渐让运动员意识到团队精神的重要性。

（二）第二阶段（3~6 个月）

这一阶段主要以有氧运动、专项分解动作为主。

陆地训练：腰腹肌训练，专项梯格训练，陆地分解动作（单腿蹬起、双腿蹬起）练习，组队游戏。

冰上训练：冰上分解动作（要求时间、质量）练习，每天定量分组完成滑行动作练习。

目标：逐步增加运动量，使运动员的姿势及技术基本成型，这一阶段是最重要的阶段，打下的基础对运动员日后的成长起着非常重要的作用。

（三）第三阶段（3~6 个月）

这一阶段要让运动员有意识地练习冰上战术，熟悉每个比赛的特点及比赛规则。

陆地训练：间歇跑、爆发力跳、跑及专项训练（耐力与能力的训练），全面力量（上肢、腰腹肌）训练。

冰上训练：多进行一些比赛，以赛代练。

目标：本阶段为了参加比赛打基础，运动员已经了解了冰壶规则，并学习到在比赛中如何运用技战术。技战术的运用和运动员滑行的技术能力密不可分，因此运动员每天的运动量也会较之前大一些。

（四）第四阶段（3~6 个月）

以比赛为目的，训练也会根据比赛的周期进行调整，细化到每一周甚至每一天。这一阶段要让运动员学会在场上自我防守的同时娴熟地运用技战术进攻。

陆地训练：跑、跳、专项、全面力量训练，观看比赛录像，体能训练。

冰上训练：训练有一定强度，组数少、速度快，多以赛代练。

目标：通过前三阶段的系统训练，运动员已经具备了参赛的基本能力，这时可以通过比赛更具体地知道自身的优点及缺点，并在接下来的训练中集中攻克。

五、小结

学有所用，以上是结合此次教练员培训班学习后拟订的上海青少年冰壶集训队训练周期时间划分、计划模式和主要训练任务，由于每次参加比赛的时间和间隔不同，所以要根据运动员不同的情况做出具体的安排。

赴美学习的时间虽然短暂，但在这样的学习与交流讨论中学员们增加了对彼此的了解，相处得十分融洽，也产生了深厚的友情。作为一名在上海执教的教练员，我的短期目标是为备战北京 2022 年冬奥会培养后备人才贡献一份微薄力量，长期奋斗目标是让南方冰上运动员站上冬奥会的领奖台！

美国运动员和教练员的培养方式

吉林市冬季运动管理中心　王　丹

为提升冬季项目教练员的理论水平和执教能力，有针对性地做好北京 2022 年冬奥会参赛备战工作，国家组织了赴美国学习的培训班，学习美国冬季项目运动训练的新理念、新方法，拓宽国际视野，促进我国冬季项目的可持续发展。我有幸成为国家体育总局 2017 年冬季项目教练员赴美国培训班的一员，同时也非常珍惜此次学习机会。通过此次学习和培训，我对当前的前瞻性理论知识和先进的科学训练方法有了进一步的认识和理解。下面我就以下三个方面谈一下我的学习体会和收获。

一、美国运动员和教练员的培养体系和组织机构

（一）美国运动员培养体系

首先，美国社会体育氛围浓厚，大部分人是因为兴趣而参与到体育运动中的。很多人从小就有着奥运梦和成为体育明星的梦想，运动员在美国社会受认可程度非常高，且职业运动员的收入都非常丰厚。其次，美国拥有公平的选拔模式，任何人都可以通过选拔赛登上世界体育的最高舞台。在美国培养一名运动员，在初期阶段家庭要付出相对较高的成本，因为市场化运作导致资金只流向那些能够带来盈利的高水平

比赛。初学者甚至需要自己聘请教练以及自费参加一些同龄人的比赛以提高水平。虽然需要付出高昂的成本，但是仍然有很多人愿意投身竞技体育的事业当中。最后，也是非常重要的一点，美国拥有完备的体育教育系统，在对高水平运动员的文化教育方面有着先进的经验，主要表现为体育与教育的有机结合，使青少年在成长过程中既能接受文化知识的教育，又可以根据自身兴趣爱好进行体育训练，即使在体育运动中没能有突出的表现，也能很快融入社会生活。

（二）美国教练员培养体系

以美国单板滑雪的教练员考核体系为例，美国教练员考核通常分为 100、200、300、400 四个级别。针对单板滑雪教练员中 100 级别的教练，目前美国正在新开发一种网络课程。教练员需要在网上进行学习，网上学习内容分为 10 个模块，每个模块学习 45 分钟，每一个模块学习完都要进行网上考试，考试通过后才能进行下一个模块的学习。网络授课学习一共 8 个小时，学完全部课程并且通过了全部测试才能进行现场集中授课，现场集中授课学习共计 2 天。所有这些内容学完了才能取得教练员证书。

花样滑冰教练员也分为 4 个级别，升级为高级教练员不仅要通过笔试环节，还会有面试环节，是否可以晋级为高级教练员也要看其所培养运动员的成绩。不同级别的教练员每一年都要进行审核，高级教练员每 3 年都会有一个 26 小时的课程再教育。

各体育单项协会会为教练员提供一些讲座，进行继续教育和测试。对不同的专业项目都要进行考核，并达到不同的等级考试要求。

（三）美国体育组织机构

一直以来，美国体育在世界体育中占据着举足轻重的地位，多年占据奥运奖牌榜的首位，近几年来其全面发展的步伐愈加迅速。我们不能否认这高超的竞技水平来源于其良好的群众体育基础以及强大的商业支持，但或许更重要的是其培养人才以及开展体育运动的模式和方法。美国的体育运动不由政府直接控制，各运动项目发展的主要经济来源都是与赞助商以及媒体进行合作所获得的收入，参与其中的每一方都有可能获利，互惠共赢。美国奥委会以及全美大学生体育协会是美国两个很具影响力的体育组织。其中，美国奥委会主要负责组织美国参加奥运会以及世界锦标赛的各项目代表队。该组织是一个相对独立的社会组织，并不受政府控制也未接受任何的财政支持，完全依靠自身的一整套规则制度、经营模式进行运营。全美大学生体育协会和美国奥委会一样，也是独立的社会组织，主要负责组织全美各高校之间各个体育竞技项目的比赛。全美大学生体育协会在美国的受欢迎程度丝毫不亚于各大体育联赛以及奥运会。最为重要的是，全美大学生体育协会在维持美国高校体育竞技高水平的同时，保证了运动员接受教育的权利，让运动员得到了均衡全面的发展。

（四）美国参赛组织机构

美国并没有国家或政府制定的运动员培养政策，也没有特别的措施鼓励某个运动项目，而是全部采取市场化运作，可以说是由观众决定体育项目的命运。世界大赛前，各体育单项协会在美国奥委会的监督和委托下举办全美选拔赛，入选运动员在世界大赛前进行几周的集训，大部分运动员还是会跟随自己的教练员进行训练，大赛后便宣告解散。这些临时"拼凑"起来的国家队队员除了来自全美各大学外，还有两种主要渠道，其一是职业运动员，美国篮球大联盟是职业化运作的典型。其二是业余俱乐部的运动员，这些选手完全将运动当成副业，他们还有自己的工作，只是把这项运动当作自己的爱好。

二、美国运动员培养过程的重要事宜

培养一名优秀的运动员是一个漫长的过程，至少需要 10 年的时间，在美国培养一名运动员是需要家长、教练员、组织机构、运动员自身四部分共同努力的。运动本身是非常有乐趣的，但是运动员的训练、培养和组织机构要有一个非常严谨的体系。

（一）家长方面

参加体育运动项目，家长的支持是很重要的，家长要对孩子的努力给予赞赏，帮助孩子成为一个全面发展的人，一个自尊、自强、自信、健康快乐、喜欢运动的人。

（二）教练员方面

教练员对运动员的训练和培养是非常重要的，这就需要教练员具有良好的执教水平，不仅要有适合不同年龄段运动员的严谨的训练计划，还要使每一个练习内容、方法、手段都达到最佳的效果。要仔细分析每一节课的计划，每一个内容的呈现。对运动技术进行细致分析，找到动作的原理，这有助于运动员运动成绩的提高，对运动员的努力给予肯定；而且要促进运动员的健康成长，尊重运动员。教练员如果具备良好的管理水平，他的执教和管理就好似催化剂，能促使运动员提高执行力，让运动员看到自身的潜能，并引导他们按照正确的方向发展和成长，从体育运动中找到乐趣。时代在变，世界在变，人们的观念、我们的执教对象也在不断变化，所以，我们的执教理念和方法也应该不断变化，以适应世界的发展。

（三）组织机构方面

全国性组织机构要给予支持。全国性管理机构建立奖励机制，不仅要奖励那些获得荣誉的运动员，而且也要奖励那些一直努力和参与的运动员，这样才能促进更多的人参与到体育运动中来。

（四）运动员自身方面

参加体育运动可以提高运动员自我管理的能力，帮助其增加自信心，提高社交技能，提高解决问题的能力，并获得很高的成就，最重要的一点是能在体育运动中找到快乐。并且运动员要有准备，要有计划，在这个过程中体现出极强的意志力，对待体育运动要有积极的态度。体育运动对于孩子来说是人生旅程的一部分，而不是全部。

三、美国单板运动员培养阶段划分

根据生物学年龄，可将美国运动员分为 6 个发展阶段和 7 个体系。生物学年龄与人体生长发育中的某些事件的出现时间有关，是根据正常人体生理学和解剖学的发育状态所推断出来的年龄，表明人体的组织结构和生理功能的实际状态。教练员的培养体系和运动员的培养发展步骤是息息相关的。

6 个发展阶段划分具体如下。

第一阶段：2~5 岁，让孩子接触体育运动，在运动中找到快乐，在玩中学，在学中玩，让孩子们学习最基本的运动技能，每周至少训练一次。

第二阶段：6~9 岁，锻炼孩子的灵活性、协调性、平衡能力和团队协作性，培养孩子的公平竞争意识。

第三阶段：女孩 10~13 岁，男孩 11~14 岁，让孩子掌握基本技能。

第四阶段：女孩 11~14 岁，男孩 12~15 岁，除了基本技能外，还要增加技战术方面的训练。

第五阶段：女孩 12~16 岁，男孩 14~17 岁，让孩子学习更多的战术，进行力量训练和体能训练，并与专项结合。

第六阶段：女孩 16 岁以上，男孩 17 岁以上，提高孩子的专项技术，注重个人能力的提高。

有了这个发展的指南，教练员就可以明确地针对不同年龄段的运动员展开训练，且让训练更有针对性，更具科学合理性。

7 个体系包括运动员的发展步骤、身体训练、技术训练、战术训练、社会训练、心理训练、竞技能力，这是保持体育运动长期发展的先决条件。

四、小结

通过此次培训学习，我对美国运动员和教练员培养体系发展有了更进一步的了解。为使我国的运动员和教练员培养体系更接近国际化水准，我们还需更加细致、精准地建立属于我们自己的体系，这样才有利于促进竞技体育的蓬勃发展。

关于速度滑冰男子 500 米项目的运动员下肢力量训练方法的探讨

辽宁省冬季运动项目管理中心　杨　宏

　　对速度滑冰男子 500 米项目的运动员进行下肢力量训练时，应该着重训练小肌肉群。速度滑冰运动员小肌肉群力量不足，会影响到运动员技术水平的发挥。对运动员下肢的小肌肉群进行科学合理地训练，会大幅度增强小肌肉群的力量。人在青年期时，肌肉迅速发达起来，通过传统的专项训练会导致大肌肉群发展速度过快，在这个时期要根据运动员自身的需要，有针对性地锻炼小肌肉群，促进速度滑冰运动员运动成绩的提高。为了保证速度滑冰男子 500 米项目的运动员的速滑成绩有所提升，本文主要针对运动员下肢小肌肉群力量训练进行实验探讨。

一、研究的对象与方法

　　速度滑冰男子 500 米项目比赛主要采用淘汰制选拔运动员，要想保证运动员能够进入决赛，就需要运动员拥有较好的身体素质和较高的比赛技能。速度滑冰男子 500 米项目对运动员的协调、平衡、速度等素质要求较高，而不仅仅是掌握基本技巧就可以。通过对运动员的下肢进行集中训练，让运动员的下肢可以充分发挥力量，促使运动员在比赛中取得好的成绩。

（一）研究对象

速度滑冰男子 500 米项目的运动员进行下肢力量训练时，小肌肉群的训练不容忽视，由于运动员平时对大肌肉群的训练多一些，本文则根据速度滑冰运动员小肌肉群的训练来进行实验探讨。本次实验研究的对象是速度滑冰男子 500 米项目的运动员。

（二）研究方法

1. 实验法

选出速度滑冰男子 500 米项目的运动员 20 名，年龄要求在 16~20 岁，将这些运动员分为两组，每组 10 人，分为实验组和对照组。为保证实验数据的有效采集，要求这些运动员的训练方式方法、训练时间、训练场地及其他训练背景一致。满足条件：①速度滑冰男子 500 米项目的运动员通过 50（±2）次的专项训练；②在一定的滑速范围内，只用双盲的实验方法进行测试。实验组运动员在以前教练要求训练大肌肉群的训练内容中，减少对大肌肉群的训练，同时需要对小肌肉群进行科学合理的训练，而对照组的运动员则按照教练的原计划进行训练。对实验组和对照组实验前和实验后分别检测数据，以进行对比。检测项目包括运动员对技术的掌握情况、运动员的运动成绩、运动员的身体素质。

2. 试验数据的采集

使用两台松下 M9000 摄像机，对运动员的速度进行视频采集，分别从正面和侧面同时拍摄。主要用于实验后对运动员步幅信息的统计。

3. 测试步骤

为了让运动员在测试中充分发挥水平，在测试前，要进行一些准备活动，且心率达到 160 次 / 分以上的运动员才能进行下一个阶段的测试。为了让测试的运动员发挥更好的水平，展现更好的成绩，教练可以在测试中参与指导。测试采用两侧追逐滑行方式，前侧与后侧的运动员分组保持不变，以保证数据对比的可靠性。

4. 测试数据统计方法

进行数据处理时使用 SPPSS 11.0 统计软件，采用 T 检验方法来检验，用 $P < 0.05$ 来突出差异水平。

二、结果与分析

（1）运动员的 500 米测试成绩对比。满足条件: 运动员通过 50（±2）次的专项训练后，在一定的滑速范围内，通过测试检验分析得出两组运动员通过测试前后数据对比，成绩都有显著增长。对比数据分别为 $P=0.048\ 45 < 0.05$ 和 $P=0.004\ 98 < 0.05$。由检测结果看出，即便不进行小肌肉群训练，只进行一般的下肢肌肉训练，成绩也会有所提高。

通过对比测试组和对照组的成绩及 T 检验数据，两组之间对比存在明显差异，$P=0.009\ 33 < 0.05$。说明进行小肌肉群科学合理训练的实验组成绩要比对照组的好。

（2）运动员的 10 圈测试成绩对比。对运动员进行 10 圈追逐滑行的测试成绩进行 T 检验，满足条件：①速度滑冰男子 500 米项目的运动员通过 50（±2）次的专项训练；②在一定的滑速范围内。对比数据分别为 $P=0.029\ 67 < 0.05$ 和 $P=0.000\ 267 < 0.05$。说明其成绩比进行下肢肌肉训练之前都要好。由此可知，进行一般下肢肌肉训练，一样可

以提高运动员的速度滑冰成绩。

将测试组进行相互检测，然后比较 T 检验，两组之间存在明显的差异：P=0.031 12 < 0.05。由检测结果看出，实验组的成绩要比对照组的好。

（3）运动员的 20 圈测试成绩对比。运动员进行 20 圈追逐滑行的测试成绩进行 T 检验，满足条件：①速度滑冰男子 500 米项目的运动员通过 50（±2）次的专项训练；②在一定的滑速范围内。对比数据分别为 P=0.048 45 < 0.05 和 P=0.003 96 < 0.05，由检测结果看出，即便不进行小肌肉群的训练，只进行一般的下肢肌肉训练，成绩也一样有所提高。

将被试组进行相互检测，然后比较 T 检验，两组之间存在明显的差异：P=0.002 67 < 0.05。由检测结果看出，实验组的成绩比对照组好。

三、结论

从以上可以得知，综合性专项训练能使运动员在比赛中获得更好的成绩，在保障运动员身体不受伤害的情况下，对速度滑冰男子 500 米项目的运动员下肢进行科学合理的强化训练，可以有效地提高运动员的比赛成绩。

为保证我国速度滑冰男子 500 米项目的运动员成绩的有效提升，还需要参考科学的方式方法对运动员进行全方位的训练。通过以上实验数据，可以得出以下结论。

（1）强化力量训练不仅对以上提到的身体素质有很大的促进作用，还对运动员的耐力有促进作用，能够帮助速度滑冰运动员在比赛时保持充沛的体力，防止因运动员体力不足而影响比赛成绩。平常要注重下肢小肌肉群力量的训练，当运动员在保持一定滑速以后，肌肉会处于极度疲劳的状态，在这个时候自身的耐力就可以为运动员提供很好的帮助。

（2）积极加强运动员下肢小肌肉群力量训练，可以有效提升速度滑冰男子运动员的身体素质，对运动员的速度和力量也有极大的促进作用，运动员在进行速度滑冰时，对下肢力量进行科学合理的使用，才能保持身体平衡，有效提升比赛成绩。在训练中，可以将技巧、速度、力量相互配合，以便更好地提升运动员速度滑冰的水平，乃至提高比赛成绩。

（3）加强速度滑冰运动员的下肢小肌肉群力量训练，可以帮助到参加长距离竞赛项目的运动员，为运动员在长距离的比赛中提供充足的动力。例如，为蹬冰提供很有效的帮助，保持蹬冰的质量，使运动员在赛程前期占优势，在后半程的比赛中，不至于被后面的比赛者超过。如果平时的下肢小肌肉群力量训练到位，下肢力量足够，运动员对于方向和节奏的控制就轻松得多，在整个比赛过程中能够轻松控制滑跑的节奏，比赛成绩自然也会提高很多。

四、结语

根据上文所述，对下肢小肌肉群力量进行科学合理的训练，对于速度滑冰男子 500 米项目的运动员是非常重要的，如果下肢小肌肉群训练不到位，在参加比赛时就会影响运动员水平的发挥和比赛成绩。从这方面也可以说明，速度滑冰男子 500 米项目的运动员必须具备良好的下肢力量，因此，对小肌肉群的锻炼不可或缺。只有科学的训练才能确保运动员在进行比赛时有足够的力量为身体提供动力。同时，好的下肢力量还可以保持整个身体的平衡，从而取得好的成绩。

对速度滑冰男子 500 米项目的运动员的下肢小肌肉群进行科学合理的训练，有助于提升我国速度滑冰男子 500 米项目的水平和比赛成绩。

悬吊训练对冰壶运动员专项技能
水平影响的研究

哈尔滨市冬季运动项目训练中心　张志鹏

伴随着我国冰雪运动的迅速发展，冰壶运动呈现出欣欣向荣的发展势头，在国际赛场上屡创佳绩。我国的冰壶运动虽然开展时间较晚，但是发展十分迅速，在有限的时间内取得了显著成果，竞技水平较高，尤其是我国女子冰壶队，在以往几届国际大赛上均有良好的发挥，并取得了优异的成绩，为促进我国冰壶运动发展起到了积极的作用。但目前我国冰壶运动竞技水平与世界强队相比仍有一定差距，在训练方法方面，仍需进一步完善。

笔者作为一名冰壶运动的教练员，经过多年的实际训练和检验，发现悬吊训练对冰壶运动员专项技能水平的影响非常大，悬吊训练对提高冰壶运动员身体核心区域力量及核心稳定性有显著效果。经过悬吊训练的干预，运动员的平衡能力和投掷冰壶的准确性也有显著提高。冰壶运动的专项特点是通过提高冰壶运动员核心稳定性，促进平衡能力的发展，为运动员投掷冰壶提供相对稳定的支点，从而提高运动员投掷冰壶的准确性和稳定性。由此可见，悬吊训练的训练理念和训练方法同冰壶运动所需的专项力量训练非常契合。

冰壶比赛是一项在冰上进行的体育运动，因此对运动员的平衡能力和身体控制能力有极高的要求。对冰壶项目而言，运动员身体核心肌群的稳定能够更好地维持正确的动作姿势，从而有效地发挥出运动员真正的竞技水平。在冰壶比赛中，冰壶出手以后，为了能使冰壶滑行到预先指定的位置，运动员要进行连续不断的擦冰动作，擦冰动作会消耗运动员一定的体力，因此在核心肌群的训练中，不仅需要训练核心肌肉的力量，而且要训练核心肌肉的耐力。悬吊训练是一项发展核心力量和稳定能力的有效方法，在很多运动项目的体能训练中都有应用。为了更好地运用悬吊训练，必须总结适合冰壶运动的核心力量训练方法，以促进我国冰壶运动训练的科学化开展。合理的核心肌群肌力训练能够保证训练的质量，提高运动成绩，提高运动员出手稳定性。

一、实验研究

（一）训练安排

为了更好地证实悬吊训练理念与冰壶运动专项训练的契合性，笔者进行了分组实验。选取 4 个动作为本次实验的训练方法，4 个动作由易到难分别为悬吊俯卧撑、悬吊俯撑瑞士球、悬吊俯撑收腹、悬吊俯撑侧提膝。具体动作标准如下。

（1）悬吊俯卧撑：运动员脚着地支撑，双手握于悬吊带上，进行俯卧撑，如图 1 所示。

（2）悬吊俯撑瑞士球：运动员双脚置于悬吊带上，成俯撑姿势，双手撑于瑞士球上进行静力支撑，如图 2 所示。

（3）悬吊俯撑收腹：运动员双脚置于悬吊带上，成俯撑姿势，双手撑地，靠腹部发力向上提臀收腹至最高点后回到起始位置为一次，如图 3、图 4 所示。

（4）悬吊俯撑侧提膝：运动员双脚置于悬吊带上，成俯撑姿势，双手撑地，靠腹部和大腿发力，向前提膝至体侧最大角度后，按原路径返回，之后向另一侧提膝至最大角度后再返回起始位置为一次，如图5、图6所示。

图1 悬吊俯卧撑

图2 悬吊俯撑瑞士球

图3 悬吊俯撑收腹起始位置

图4 悬吊俯撑收腹结束位置

图5 悬吊俯撑侧提膝起始位置

图6 悬吊俯撑侧提膝结束位置

在实验过程中，对照组和实验组运动员均按照原有正常的训练计划进行体能训练和技术训练，为实验组运动员加入悬吊训练干预。实验为期8周，1~2周为适应阶段，3~6周为巩固阶段，7~8周为提高阶段。每周安排3次悬吊训练，具体时间安排在周一、周三、周五的训练准备活动之后，正式训练开始之前。实验组进行悬吊训练期间，对照组则运用仰卧起坐、背起等训练方法进行腰腹肌训练。随着实验过程的深入，适当调整训练负荷，以达到刺激运动员身体机能发展的目的，具体训练安排见表1。

表1 实验组运动员悬吊训练干预安排

训练内容		悬吊俯卧撑	悬吊俯撑瑞士球	悬吊俯撑收腹	悬吊俯撑侧提膝	组间休息
第一阶段（适应阶段）	第1周	10次×3组	25秒×3组			30秒
	第2周	10次×3组	25秒×3组	10次×2组		30秒
第二阶段（巩固阶段）	第3周	10次×3组	25秒×3组	10次×2组	10次×2组	30秒
	第4周	12次×3组	30秒×3组	12次×2组	10次×2组	30秒
	第5周	15次×2组	35秒×2组	12次×3组	10次×3组	40秒
	第6周	15次×2组	35秒×2组	12次×3组	10次×3组	40秒
第三阶段（提高阶段）	第7周	15次×2组	35秒×2组	12次×2组	10次×2组	40秒
	第8周	15次×2组	35秒×2组	12次×2组	10次×2组	40秒

（二）实验控制

本次实验安排在 2016 年 7 月至 9 月，共计 8 周，每次训练时间安排在下午 15:00 至 17:00。为降低外界因素的影响，训练及测试地点均安排在国家体育总局长春冰上训练基地的室内冰上训练馆及体能训练馆。根据实验需求，实验前后测验每名运动员的核心力量、平衡能力及投掷冰壶的准确度，并进行对比。为避免误差，实验前后各项内容测量均由笔者独立进行。同时为了避免单次测量发生意外造成数据不准确，各项数据均为多次测量的平均值。

本实验采取闭眼单腿平衡的方式测验运动员的平衡能力，以坚持最长时间为标准。投掷冰壶准确性测试采取投壶入营并计分的方式，以投 3 次总成绩为标准。投冰壶圈为 4 英尺圈、8 英尺圈、12 英尺圈，每个圆形间距 0.5 米。投入 4 英尺圈计 3 分，投入 8 英尺圈计 2 分、投入 12 英尺圈计 1 分。（注：1 英尺 ≈ 0.3048 米）

二、实验结果与分析

（一）对照组运动员各项悬吊训练指标变化情况

如表 2 所示，通过 8 周正常的训练，对照组运动员各项悬吊训练指标均有一定变化，其中悬吊俯卧撑成绩由 20.4 ± 1.2 次 / 分提高到 22.3 ± 1.4 次 / 分，实验前后成绩呈显著性差异（P < 0.05）。其余三项内容虽有提高，但不存在显著性差异（P > 0.05）。由此可见，8 周的训练对发展核心区域力量及稳定能力无明显效果。8 周的正常训练，对照组运动员在身体素质方面有了一定的提高，但在训练中针对核心区域稳定能力的训练内容较少，因此各项悬吊训练指标变化不明显。

表2　对照组运动员悬吊训练指标变化（平均值）

测试指标	悬吊俯卧撑（次/分）	悬吊俯撑瑞士球（秒）	悬吊俯撑收腹（次/分）	悬吊俯撑侧提膝（次/分）
训练前	20.4 ± 1.2	31.4 ± 1.3	18.8 ± 1.1	11.3 ± 0.7
训练后	22.3 ± 1.4	31.9 ± 1.2	19.5 ± 1.4	12.2 ± 0.4
增幅	1.9 ± 0.4	0.5 ± 0.2	0.7 ± 0.2	0.9 ± 0.2
P 值	< 0.05	> 0.05	> 0.05	> 0.05

（二）对照组运动员专项技能变化情况

如表3所示，对照组运动员经过8周训练后，闭眼单腿平衡能力略有下降，投掷冰壶准确性方面，3次投掷的总成绩提高 0.2 ± 0.1 分，但两项指标的变化幅度均不明显。在对照组8周的训练中，没有刻意地安排平衡能力方面的训练，因此平衡能力变化不大。而在投掷冰壶方面，8周内虽然进行了一定的技术训练，但由于训练时间较短，因此成绩提高不够明显。

表3　对照组平衡能力及投掷准确性变化（平均值）

测试指标	闭眼单腿平衡（秒）	投掷冰壶准确性（分）
训练前	29.3 ± 1.4	4.7 ± 0.2
训练后	28.9 ± 1.3	4.9 ± 0.4
增幅	−0.4 ± 0.2	0.2 ± 0.1
P 值	> 0.05	> 0.05

（三）实验组运动员各项悬吊训练指标变化情况

如表4所示，在8周的悬吊训练干预后，对比实验组运动员各项悬吊训练指标成绩发现，实验前后各项成绩均有显著提高（P < 0.05）。通过8周具有针对性的悬吊训练，重点发展了运动员的核心力量和核心稳定性，因此各项悬吊训练指标均有提高。

表4　实验组运动员悬吊训练指标变化（平均值）

测试指标	悬吊俯卧撑（次／分）	悬吊俯撑瑞士球（秒）	悬吊俯撑收腹（次／分）	悬吊俯撑侧提膝（次／分）
训练前	19.9 ± 1.1	32.6 ± 1.1	18.1 ± 0.9	10.8 ± 0.5
训练后	24.1 ± 1.3	43.3 ± 1.8	22.6 ± 1.1	13.5 ± 0.7
增幅	4.2 ± 0.4	10.7 ± 0.7	4.5 ± 0.6	2.7 ± 0.4
P 值	< 0.05	< 0.05	< 0.05	< 0.05

（四）实验组运动员专项技能变化情况

如表5所示，实验组运动员经过8周训练后，在仅进行核心力量训练干预的情况下，实验组运动员平衡能力和投掷冰壶准确性方面均有显著提高。这说明悬吊训练对发展冰壶运动员平衡能力和投掷冰壶的准确能力方面有明显的效果。

表5　实验组平衡能力及投掷准确性变化（平均值）

测试指标	闭眼单腿平衡（秒）	投掷冰壶准确性（分）
训练前	28.8 ± 0.2	5.1 ± 0.2
训练后	41.3 ± 0.2	6.3 ± 0.2
增幅	12.5 ± 0.2	1.2 ± 0.2
P 值	< 0.05	< 0.05

（五）对照组与实验组运动员悬吊训练指标及专项技能变化对比

如表6所示，对比对照组和实验组运动员各项悬吊训练指标以及专项技能变化情况可以发现，实验组运动员与对照组运动员在各项指标的增长幅度方面均存在显著性差异（P < 0.05），并且在悬吊俯撑瑞士球、悬吊俯撑收腹以及闭眼单腿平衡能力方面出现了高显著性差异（P < 0.01），由此可见，悬吊训练对于提升冰壶运动员核心力量、核心稳定性以及专项技能方面均有明显效果。

表6　对照组与实验组运动员悬吊训练指标及专项技能变化对比（平均值）

测试指标	对照组增幅	实验组增幅	P 值
悬吊俯卧撑（次 / 分）	1.9 ± 0.4	4.2 ± 0.4	< 0.05
悬吊俯撑瑞士球（秒）	0.5 ± 0.2	10.7 ± 0.7	< 0.01
悬吊俯撑收腹（次 / 分）	0.7 ± 0.2	4.5 ± 0.6	< 0.01
悬吊俯撑侧提膝（次 / 分）	0.9 ± 0.2	2.7 ± 0.4	< 0.05
闭眼单腿平衡（秒）	−0.4 ± 0.2	12.5 ± 0.2	< 0.01
投掷冰壶准确性（分）	0.2 ± 0.1	1.2 ± 0.2	< 0.05

三、讨论

（一）发展核心区域力量及稳定性

悬吊训练是在不稳定状态下进行训练的模式。在悬吊训练过程中，运动员的身体重心始终处于"平衡稳定—失衡不稳定—平衡稳定"的动态变化中，在这个过程中需要人体核心区域肌肉发力来维持身体的平衡。因此通过悬吊训练发展运动员的核心力量，促进核心稳定性的提高，从而提高运动员的平衡能力。在竞技体育中，平衡性好的运动员在运动中能够更好地控制身体，从而使运动中的技术动作更加合理有效，为创造优异的运动成绩提供良好的基础。对于冰壶运动而言，在投掷冰壶的过程中，需要运动员具有一个稳定的身体位置，从而保证冰壶出手时的稳定。而悬吊训练是在不稳定状态下进行的核心区域力量训练，能够结合冰壶运动特点，提高躯干在不平衡状态下准确发力的能力。因此冰壶运动员进行悬吊训练，能够使体能更加专项化，提高技术动作运用时的经济性，为提高专项技能提供保障。

（二）与冰壶专项技术特点紧密结合

冰壶是一个精确性的运动项目，要求运动员在极远的距离处能够准确地将冰壶投掷到固定的区域。投掷冰壶的过程，要求运动员上肢能够精准地控制冰壶，这就需要运动员具备稳定性力量，从而保持冰壶在滑行过程中的稳定。冰壶运动员在投掷冰壶过程中，需要通过手臂来控制冰壶前进的方向，躯干部位稳定性的增强，能够为运动员出手时提供一个更为稳定的支点，从而保证投掷的准确性和稳定性。悬吊训练能够发展运动员核心区域力量，从而间接地促进冰壶运动员投掷稳定性的提高。

四、结论

通过 8 周悬吊训练干预，冰壶运动员核心区域力量及核心稳定性有显著提高，同时，运动员的平衡能力和投掷冰壶的准确性也有显著提高，说明悬吊训练能够促进冰壶运动员专项技能水平的提高。

悬吊训练与冰壶运动所需的专项力量结合较为紧密，通过提高冰壶运动员的核心稳定性，促进平衡能力的提升，为运动员投掷冰壶提供相对稳定的支点，从而提高运动员投掷冰壶的准确性和稳定性。

科研成果交流

核心力量训练对青少年男子短道速滑运动员专项素质的影响研究

吉林省体育局冰上运动管理中心　安玉龙

一、研究背景

随着短道速滑运动的不断发展，世界纪录被刷新的速度明显加快。为不断取得更好的成绩，世界各地的短道速滑运动员都在生理和心理上寻求突破。核心训练是所有竞技体育项目不可缺少的组成部分，是提高竞争水平的关键。近几年，我国在短道速滑运动上取得了辉煌的成绩，但同时我们也看到了在弯道超越和后程冲刺的运动员身上表现出的体能差距。

核心训练如今已不是新鲜词汇了，它已成为必要的、重要的训练组成部分。我们必须在训练过程中强化练习手段，并加入新颖的训练方法提高运动员的核心力量。如今我国青少年男子短道速滑运动员在训练中，多以基本技术练习、心肺功能练习和腿部力量练习为主，青少年运动员对核心力量训练知之甚少，甚至很多基层教练员对核心力量训练模式和训练内容都不够了解，存在错误的认识。因此，本研究通过对青少年短道速滑运动员的核心力量训练进行实验研究，探究核心力量训练的方法和手段，构建适合当今竞技体育发展的青少年短道速滑运动员体能训练模式。

二、研究目的与意义

（一）研究目的

通过吉林省青少年男子运动员应用针对短道速滑项目特点的核心力量训练组合对专项影响的实验研究，对实验前后实验组与对照组的各项指标分析，寻找核心力量训练与传统力量训练的不同。

（二）研究意义

1. 理论意义

研究青少年短道速滑的核心力量训练的专门手段，挖掘短道速滑青少年阶段训练的新途径，为青少年短道速滑运动员的核心力量训练模式的改革提供理论依据。

2. 实际意义

通过该实验研究找出核心力量训练与短道速滑专项能力之间的关系，为指导运动训练以及体育教学提供参考。

三、实验设计

（一）实验基本流程

根据需要，选取 12~15 岁青少年男子短道速滑二级以上运动员共20 人，将其随机分为两组——实验组与对照组，进行实验训练。保证训练在内容、时长、器材和场地一致的条件下，实验组针对核心力量进行训练，对照组则维持传统力量练习。训练规定周期结束后将实验组与对照组的测试结果进行对比分析。

专项素质测试内容：直道单脚蛇形障碍、弯道单脚支撑过弯、半圈起跑、4圈追逐。

（二）练习内容设置

按照本次实验组的训练实际要求，分阶段、分区域地专门制订了短道速滑青少年运动员的核心力量训练计划，最终获得了三个训练阶段的15种核心力量训练方法（表1）。

表1　实验组训练阶段及练习内容

练习阶段	练习内容
第一阶段： 核心静力性训练	瑞士球前臂支架式
	瑞士球侧边平板式支撑
	双腿夹球坐姿V字支撑
	单臂支架平衡式
	仰姿踩球屈膝挺髋
第二阶段： 核心动力性训练	前臂支撑瑞士球支架式转犬式
	双手支撑瑞士球搭配交叉转体
	瑞士球屈膝训练
	收腹手脚接球训练
	瑞士球上俯卧撑
第三阶段： 专项核心训练	平衡球双腿静蹲蹲起
	平衡球侧蹬后引收腿
	平衡球侧蹬直立收腿
	平衡球后引直立收腿
	分并腿开合式平衡球跳上跳下

四、结果与分析

（一）实验组训练前后测试成绩的变化

实验组训练前后专项素质指标变化的对比发现（表2）弯道单脚支撑过弯的检验值没有显著性增长，从表中数据来看，此测试项目成绩也没有明显的提高，这可能与该测试项目从进入测试区域到测试结束都不允许运动员自身发力有关。这也意味着如果运动员核心力量增长，但自身不发力，弯道单脚支撑过弯测试成绩则没有统计数据上的较大变化。但是监督测试的教练员们会发现：实验组运动员虽然秒数没有过多变化，但是在单脚支撑过弯时，运动员的整个肢体技术动作衔接更加流畅，运动员单脚支撑至顶弧时身体重心更低，身体投影点更加贴近冰面，技术表现更加优秀。也正是因为这样，其他三个测试项目——直道单脚蛇形障碍、半圈起跑、4圈追逐的测试成绩有着明显的提高。

表2 实验组训练前后测试成绩变化对比

测试项目	实验组前测	实验组后测	方差齐性 sig	P
直道单脚蛇形障碍 / 秒	8 ± 3.5	6 ± 2.8	−3.378	0.014
弯道单脚支撑过弯 / 秒	3.5 ± 1.3	3.5 ± 1.2	1.768	0.265
半圈起跑 / 秒	7.6 ± 1.2	7.0 ± 1.2	−2.173	0.048
4 圈追逐 / 秒	48.3 ± 3.2	45.8 ± 1.8	−2.356	0.033

（二）实验组与对照组测试成绩的比较

直道单脚蛇形障碍要求运动员在规定时间内尽可能地通过规定障碍，因短道速滑特殊的同场竞技方式，要求运动员在高速滑行的条件下于运动员间狭小的身位空隙中进行超越角逐，这也说明需要运动员有更好的控制肢体协调联动的能力。此测试项目需要动员大部分核心肌群，所以通过 12 周系统核心力量训练的实验组成绩明显优于对照组（表3）。

弯道单脚支撑过弯要求运动员在最短的时间内以单脚支撑的形式通过规定距离的弯道，虽然实验组与对照组在此项上成绩没有显著差异（表3），但监督测试的教练员可以观察到：相较于对照组运动员，实验组的运动员在高速的条件下以单脚支撑的形式通过弯道时重心压得更低、关节角度更小、弯道倾倒角度更大、流线趋势更明显。

半圈起跑是测试运动员爆发力、绝对力量、起跑、弯道等技术的综合性专项素质考评项目，它与 4 圈追逐测试合并到一起就是一个完整的 500 米比赛。4 圈追逐测试考核运动员在高速滑行的条件下保持速度、控制自身技术动作、伺机超越等能力。半圈起跑和 4 圈追逐这两项测试的结果显示，实验组的成绩明显优于对照组（表3）。这表明短道速滑项目运动员在青少年时期进行系统的、完整的核心力量训练对运动成绩的增长是非常有帮助的，也是非常必要的。

表3　实验组与对照组试验后测试成绩变化对比

测试项目	实验组	对照组	P
直道单脚蛇形障碍 / 秒	6 ± 2.8	8 ± 1.5	0.032
弯道单脚支撑过弯 / 秒	3.5 ± 1.2	3.7 ± 0.9	0.054
半圈起跑 / 秒	7.0 ± 1.2	7.4 ± 0.8	0.038
4 圈追逐 / 秒	45.8 ± 1.8	46.2 ± 2.2	0.042

五、结论与建议

（一）研究结论

（1）测试结果表明，在关于短道速滑专项素质的 4 项测试项目中，实验组所有测试结果明显优于对照组，核心力量训练具有显著意义。

（2）相比传统力量训练，核心力量训练对短道速滑项目在专项基本姿势、运动员核心肌群控制、自身肢体协调能力控制、专项项目运动成绩提高等方面和起跑、弯道超越技术、直线超越技术的运用方面有着很大的帮助，成绩增长迅速。

（二）研究建议

（1）广大教练应多在体能训练与技术指导方面寻找创新点，满足当今竞技体育多元化的发展需要，结合多种训练方法和手段，将训练重心尽可能多地投入到青少年的训练中，进行运动项目的推广，从而提高项目整体的竞技水平，建立更好的发展趋势。

（2）根据青少年心理、生理特点和短道速滑项目的专项技术练习方式，可选择多种核心训练器材和训练方法组合，还可针对不同水平的青少年运动员采用不同的核心力量训练方法。

（3）核心力量训练的应用使青少年短道速滑运动员的运动成绩明显提高，但在某些大肌群的训练上，传统力量训练方法经过多年的实验研究与验证也是必不可少的，希望能通过更深入的实验研究将传统力量训练与核心力量训练更完美地结合。

新疆速度滑冰队跨界选才实践的研究与探索

新疆维吾尔自治区体育局冬季运动管理中心　韩　芳

一、引言

速度滑冰是一项比赛滑行速度的冰上体育运动，是冰上运动的源头，冰上运动的其他项目都是在速度滑冰的基础上产生和发展起来的，它也是我国最早开展的传统冬季体育运动项目之一。近几年来，新疆速度滑冰队在国内各大相关赛事中频频斩获佳绩，成为速度滑冰项目的后起之秀。特别是在第十三届全国冬季运动会上，新疆速度滑冰队在比赛中崛起，成为我国速度滑冰版图上的新生力量。为进一步壮大新疆速度滑冰力量，缩小与速度滑冰强省的差距，新疆速度滑冰队清楚地认识到只有不断壮大后备人才队伍的力量，培养和构建一支实力强、后劲足的后备人才梯队，才能推动新疆速度滑冰事业持续蓬勃发展。为此，新疆速度滑冰队积极转变思路，另辟蹊径从库尔勒体校田径队中挑选了四名具有发展潜能的中长跑女子运动员，跨界转入速度滑冰项目进行培养，开启了人才培养的新模式。

本文将以这四名跨界运动员为研究对象，重点对这四名运动员的身体素质、训练模式、训练方法、训练效果等方面进行分析研究，从新疆速度滑冰队的实践经验，探讨跨界选拔队员的现实意义，为我国速度滑冰后备人才队伍的培养和发展提供更多的思路，使研究具有一定的应用价值。

二、研究方法及对象

（一）研究方法

1. 文献资料法

根据研究内容的需要，笔者通过中国知网、万方数据库等权威数据库，查阅了国内外文献十余篇，全面了解相关内容，为本文的研究奠定了基础。

2. 专家访谈法

针对本文的研究内容，笔者编制了专家访问提纲，访问了新疆冬季运动管理中心的管理人员，新疆专业速度滑冰队、新疆体校的教练员，了解了这些专业人士对新疆速度滑冰队跨界选才的评价。通过对专业人士的访谈，获取对本研究有价值的信息，对本文的研究提出理论指导和可行性建议。

3. 观察法

笔者通过观察研究对象在日常训练及比赛期训练的全过程，包括陆地及冰上训练，对运动员的训练方法、训练强度及成绩等进行详细地记录，为后续的分析提供充分的数据支撑。

4. 比较研究法

笔者将研究对象的观察数据进行横向及纵向比较。横向比较为单个研究对象的训练进展情况比较，主要是转项开始训练速度滑冰以来的训练及比赛情况；纵向比较为四名运动员之间的相互比对，对个体的异同进行归纳、分析、研究，从而全面地掌握研究对象的各项情况，对研究内容进行总结归纳。

（二）研究对象

本文以新疆速度滑冰队从库尔勒体校田径队中挑选的四名中长跑跨界转入速度滑冰项目的女子运动员为研究对象。四名运动员转入速度滑冰项目之前的基本情况如表1所示。

表1　四名运动员转项前的基本情况

姓名	年龄	身高	体重
冯＊睿	14 岁	164 厘米	42 千克
娜＊热	14 岁	156 厘米	43 千克
肖＊婷	13 岁	156 厘米	46 千克
海＊且	13 岁	153 厘米	38 千克

三、研究结果及分析

（一）运动员基本情况分析

2016 年 5 月 16 日，四名运动员正式加入新疆速度滑冰队进行训练。在此之前，她们在库尔勒体校田径队时的最好成绩如表2所示。

表2　四名运动员的田径最好成绩

姓名	田径最好成绩
冯＊睿	2 分 36 秒（800 米）
娜＊热	14 秒 24（100 米）
	2 分 37 秒（800 米）
肖＊婷	1 分 12 秒（400 米）
	2 分 38 秒（800 米）
海＊且	2 分 35 秒（800 米）

　　四名运动员在入队之前的身体条件符合速度滑冰运动员的基本要求，但从表2可以看出，她们在从事田径项目训练时成绩并不突出，根据与全国同龄中长跑运动员的相关数据对比可以发现，她们的训练成绩仅处于中等水平，很难有所突破。

　　同时，这四名运动员在转入速度滑冰项目之前均未进行过任何相关的专项训练，虽然她们有一定的运动基础，但速度滑冰技巧基本为"零"。

　　虽然这四名运动员并无任何速度滑冰训练基础，但从可行性上来分析，从中长跑项目转入速度滑冰项目有以下几项优势：

　　（1）从个人素质上考虑，跑步是所有运动项目中最基础的项目，中长跑运动员的身体素质、耐力等方面具有优势，在进行速度滑冰项目训练时拥有较高的起点。

　　（2）从训练成本上考虑，分析新疆中长跑项目在全国比赛中的情势，发现运动员出成绩的希望不大，很多运动员在进行了几年训练之后因为没有成绩而选择退役并转行。这无论是从运动员的角度还是冬季运动管理中心的角度来说，都是一种浪费。而培养出一个专业的速度滑冰运动员时间较长，通过跨项培养，既能缩短培养专业速滑运动员的时间，又能节约成本。

（二）训练方法分析

　　结合四名运动员的基本条件，教练员制订了适合她们的训练方法。

　　第一周至第三周，考虑到这四名运动员之前一直生活在新疆南部，对冰上项目不了解，所以一开始并没有直接对她们进行基础教学训练，而是以培养兴趣、学习速度滑冰基础知识为主。对于速度滑冰项目而言，训练装备十分重要，包括冰刀的选择、磨刀技巧等都是一名优秀的速度滑冰运动员必须掌握的基础知识。与此同时，逐步加入一些基础性训练。第一周的训练计划：一周三次自行车训练（基本有氧训练）、三次轮滑训练，以学习基础动作为主，准备活动为90°蹲起以增强腿部力量。第二周的训练内容与前一周一致，但由原来的每周三次轮滑训练改为每天进行轮滑训练，自行车训练加入变速骑，准备活动为90°蹲起和核心力量训练。运动员训练的稳定性逐步提升。第三周，在前两周的基础之上，开始和速滑队其他成员一起训练专项基本功，主要包括爆发力训练等。相较于之前两周，运动员在轮滑训练中的进步很大，蹲屈姿势单腿支撑时间有明显提升。

第四周至第六周，主要训练内容为自行车、蹲起、专项基本功、模仿、移动弯道牵引、核心力量训练，每天循环练习。

第七周开始进行短道训练，同时之前的训练内容也照常进行。

通过前七周的练习可以发现，四个人基本掌握了弯道滑行技术，能够慢速跟着滑起圈来。

从2016年8月1日起，四名运动员开始进行大道训练，在具备了一定的冰感之后，运动员对大道训练比短道训练适应得更快，上冰两周后，第三周就可以连贯起来滑一两圈了。

（三）成绩分析

从2016年9月1日起，每周正式对四名运动员进行一次训练测试，按照500米、1000米、1500米的测试顺序以一周为单位轮流测试。2016年9月1日至2017年2月10日的具体测试成绩如表3至表5所示。

表 3　500 米测试成绩

姓名	日期				
	2016 年9 月 1 日	2016 年9 月 24 日	2016 年12 月 17 日	2017 年2 月 8 日	2017 年2 月 9 日
肖 * 婷	54 秒 37	51 秒 27	48 秒 17	48 秒 16	48 秒 18
娜 * 热	55 秒 41	52 秒 41	49 秒 24	48 秒 35	48 秒 38
冯 * 睿	57 秒	54 秒 26	51 秒 45	51 秒 25	51 秒 39
海 * 且	1 分 05 秒	56 秒 67	53 秒 82	51 秒 98	51 秒 50

表 4　1000 米测试成绩

姓名	日期				
	2016 年9 月 8 日	2016 年9 月 25 日	2016 年10 月 13 日	2017 年1 月 22 日	2017 年2 月 9 日
肖 * 婷	1 分 48 秒 77	1 分 46 秒 46	1 分 44 秒 35	1 分 39 秒 27	1 分 33 秒 67
娜 * 热	1 分 50 秒 24	1 分 48 秒 74	1 分 45 秒 21	1 分 38 秒 17	1 分 49 秒 42
冯 * 睿	1 分 52 秒 43	1 分 51 秒 19	–	1 分 40 秒 30	1 分 40 秒 27
海 * 且	1 分 53 秒 28	1 分 55 秒 38	1 分 59 秒 04	1 分 43 秒 33	1 分 43 秒 30

表 5　1500 米测试成绩

姓名	日期				
	2016 年9 月 15 日	2016 年9 月 24 日	2016 年12 月 27 日	2017 年1 月 22 日	2017 年2 月 10 日
肖 * 婷	2 分 48 秒 23	2 分 39 秒 80	2 分 27 秒 99	2 分 28 秒 76	2 分 24 秒 33
娜 * 热	2 分 49 秒 35	2 分 41 秒 89	–	2 分 36 秒 27	2 分 30 秒 83
冯 * 睿	2 分 51 秒 94	2 分 45 秒 57	2 分 29 秒 28	2 分 32 秒 32	2 分 29 秒 26
海 * 且	2 分 58 秒 85	2 分 51 秒 33	2 分 41 秒 00	2 分 37 秒 89	2 分 34 秒 75

从表 3 至表 5 中可以看出，虽然运动员成绩有时会出现一些波动，但总体来看，四名运动员的成绩都呈现出大幅上升趋势。结合表 6 可看出，以目前的测试成绩，四名运动员的水平基本可以达到三级运动员水平，有些运动员在某些项目上的水平甚至达到二级运动员水平。在不到 10 个月的时间内从穿上冰刀都站不稳的状态到取得目前的成绩，这是一般运动员达不到的，也是此批从中长跑转入速度滑冰项目的运动员的优势所在。

表 6 女子速度滑冰运动员技术等级标准

测试内容	运动健将	一级运动员	二级运动员	三级运动员
500 米	41 秒	42 秒	48 秒	55 秒
1000 米	1 分 24 秒	1 分 27 秒	1 分 40 秒	1 分 55 秒
1500 米	2 分 10 秒	2 分 17 秒	2 分 30 秒	2 分 50 秒

四、结论

通过上文的分析和研究，虽然不能通过不到一年的时间就看出运动员未来的发展前景，运动员的成绩也会受到多方因素的制约，但是通过目前的数据可以看出，四名中长跑跨界运动员相比其他项目运动员确实具有一定的优势，四名运动员的速度滑冰运动水平都在短时间内达到了质的飞跃。

先进的训练理念来源于实践，新疆速度滑冰队这次跨界选才的实践，是用改革与创新来突破发展中的难题，这需要勇气、智慧与能力，也需要思路、办法和途径。这种跨项目挑选运动员的方法也为速滑项目的后备人才选拔提供了新的思路和实践途径。

自由式滑雪 U 型场地技巧教练员的素质和能力结构

吉林省体育运动学校　金德刚

自由式滑雪 U 型场地技巧是我国新开展的雪上项目之一，没有专业的教练员，可以说是从零开始，摸着石头过河。现执教自由式滑雪 U 型场地技巧项目的教练员来自各个项目，如高山滑雪、越野滑雪、跳台滑雪、单板滑雪 U 型场地技巧和体操项目。如何尽快熟悉和掌握自由式滑雪 U 型场地技巧项目发展规律，让运动员少走弯路，这给教练员提出了一个新课题。教练员自身的素质不仅决定其个人的训练指导水平，也直接影响我国自由式滑雪 U 型场地技巧项目的发展和走向。

一、自由式滑雪 U 型场地技巧教练员的素质

自由式滑雪 U 型场地技巧教练员既要具备高尚的思想道德素质，扎实的基础理论知识，勇于创新、勇于开拓、吃苦耐劳的精神，又要知识面宽、能力强、素质高，能够尽快找到本项目训练的方式方法。

（一）正确的世界观、人生观、价值观

首先，教练员肩负着培养体育人才的责任，要有正确的世界观、人

生观和价值观；其次，教练员必须德才兼备，热爱滑雪事业，愿意为滑雪事业付出艰辛；最后，要有坚定不移的毅力和目标。

（二）不断更新知识

知识是能力和素质的基础，不断更新知识不仅使教练员视野开阔、目光敏锐、见解深刻，还有利于教练员将多方面的知识汇于本专业，从而形成前瞻性视野，为其培养运动员提供内源性动力。

1. 运用原项目知识和本项目有效结合

第一，自由式滑雪U型场地技巧项目和体操项目同属一类项群，教练员只要了解动作结构和变化规律，再结合滑雪项目的特点，会很快摸清门道，找到窍门。

第二，对自由式滑雪U型场地技巧项目的专项知识了解一定要"深"，可分为两层：一层是了解本专项训练原理及趋向，另一层是了解世界发展动向，借鉴国外优秀教练员先进经验。只有掌握两个层面的知识，才能在实际训练中少走弯路，提高训练效益，创造价值。

2. 理论与实践相结合

竞技体育教练员的工作是一项系统、有序的育人工程，在培养运动员过程中，教练员的执教水平至关重要，而教练员的理论知识和实践能力又决定了其执教水平。因此，教练员首先必须认真学习科学理论知识，使理论知识转化成实践能力，才能使运动员训练不走偏、不走错。

3. 完善自身综合素质

知识时代，信息为先导，教练员只有及时了解本项目技术发展和动作发展，以及项目规则和裁判打分要求，才会丰富训练方法和手段，亦可总结实践经验，尝试新的训练方式，加速训练成果的转化。只有不断地学习交流，才会提高自身能力，教练员应努力完善自身的综合素质。

二、教练员的能力结构

教练员应具备执教能力、专业能力、创新能力、组织管理能力、社会活动能力，掌握运用信息工具能力和思想教育能力。

在教练员训练过程中，训练方法的运用、示范讲解、纠正错误尤为重要。训练方法的运用是教练员执教技巧的一个重要方面。准确把握训练导向，合理安排行之有效的训练手段，以实现每天训练有实效，使训练达到最佳效果。示范讲解是教练员基本的素质之一，正确、精练的讲解是教练员教学中最直观的手段。及时准确地发现错误，并帮助运动员分析错误原因，采取有效的方法加以纠正，是使运动员尽快形成正确的动力定型、顺利完成训练任务的有效途径。

（一）管理能力

一支队伍没有严明的纪律，将会是一盘散沙，难以实现远大的目标，而过于严格的管理又会使人僵化保守，缺乏生机。这就需要教练员理顺关系、把好队风。一方面要从思想、生活、作风等方面提出要求，另一方面要关心爱护队员，宽严结合。制度清晰是教练员管理能力的重要体现。

（二）执教能力

执教能力主要包括语言表达能力、纠正动作能力。教练员的执教水平和运动员的竞技水平是相辅相成的。随着自由式滑雪U型场地技巧项目水平不断提高，如何使运动员提高技术水平，这就要求教练员不断总结、不断学习，有效实施训练。

（三）创新能力

众所周知，创新是竞技体育的第一生命力，创新引领着发展的潮流。对于教练员而言，墨守成规意味着被动落后，不断创新才是发展的保证。自由式滑雪U型场地技巧项目在我国开展时间较短，因此也缺少经验，所以我们必须要有创新精神，不断从新知识中吸取营养，从技术创新到训练手段创新，提高自身预判能力，实现思维上的突破。

（四）协作能力

自由式滑雪U型场地技巧项目是多动作、多技术交叉的项目，单靠一种知识能力很难实现运动水平的突破，这就要求教练员之间相互协作、相互学习、取长补短、共同进步。

（五）终身学习能力

随着技术的发展，知识需要不断更新，教练员是知识的实践人，只有不断学习、及时"充电"才能在竞争中处于不败之地。

（六）育人能力

由于项目特点，自由式滑雪U型场地技巧项目运动员年龄普遍偏小，引导运动员树立远大理想、刻苦训练、为国争光是教练员育人的核心。优秀教练员应学习各种知识，了解不同运动员的性格特点，在训练中有的放矢，循序渐进地引导运动员形成优良的品德和高尚的觉悟。具体而言，思想教育包括对运动员思想状况进行观察，及时纠错并培养其正确的价值观。

速度滑冰有氧耐力训练的重要性及方法

吉林市冬季运动管理中心　　王　丹

速度滑冰要求运动员协调好全身各部位动作，以科学合理的技术和充沛的体能在最短时间内完成规定距离的比赛。在竞争日趋白热化的今天，只有在爆发力、耐力、技术、核心力量方面都具有较好表现的运动员才能在比赛中取得佳绩。速度滑冰根据距离的不同分为短距离、中距离、长距离和全能四种。短距离速度滑冰项目始终是我国运动员突破的窗口，纵观短距离速度滑冰的发展历史，每一阶段的成绩起伏都与体能训练方法的改进和训练理念的更新紧密相连。在训练中发现，运动员的耐力素质差是限制我国速度滑冰特别是短距离速度滑冰项目水平提高的症结所在。

耐力不够可能是导致我国短距离速度滑冰运动员后程降速的主要原因。而耐力训练方法不科学则是导致运动员耐力难以提升的原因之一。因此，专项耐力训练，特别是短距离项目的专项耐力训练需要引起我们的注意。

一、有氧耐力训练的重要性

（一）有氧耐力训练能有效提高短距离速度滑冰运动员无氧耐力水平

耐力是运动素质的重要组成部分之一，耐力分为有氧耐力和无氧耐力，有氧耐力是无氧耐力的基础。有氧氧化和无氧氧化是人体根据需氧的不同情况进行的紧密相连的两种供能方式。短距离速度滑冰是以无氧供能为主的项目，虽然有氧耐力和无氧耐力是两种不同的耐力素质，但是有氧耐力的发展直接影响无氧耐力的提高。有氧耐力的提高更能有效地促进氧化过程，推迟乳酸的产生，并且能最快地消除无氧过程中积累的乳酸，有效地提高肌糖原的储备量，进一步增大糖酵解的能力，从而提高无氧代谢能力，改善有氧代谢系统的机能结构，延缓疲劳。这些变化都能够使短距离速度滑冰运动员的速度、耐力得到提高。有氧耐力训练有助于无氧耐力素质的提升。

（二）良好的有氧耐力是掌握正确速度滑冰技术的基础

短距离速度滑冰是一项技术性非常强的速度比拼运动项目。运动员冰感的好坏对滑跑成绩起着至关重要的作用。冰感是通过大量的冰上慢滑获得的，而慢滑需要运动员具有良好的有氧耐力。通过慢滑训练培养运动员技术感觉与专项知觉，可以加大运动员运动素质的专项化转移，提高每滑输出功率。良好的有氧耐力可以帮助运动员在整个比赛中保持技术准确性与稳定性。如果运动员只进行短距离的速度性训练，那么在全力以赴的滑跑过程中很难注意滑跑的技术动作，在滑跑的同时，很难达到改进和完善技术的目的。越是慢速的滑行，对运动员技术能力的要求越高，所以慢滑是改进和完善技术的重要训练手段。

只有当运动员掌握了既基本符合自身条件又符合生物力学基本规律的技术时，其体能才有可能得到充分发挥。因此，体能与技术的组合训练是速度滑冰运动员训练的主要方法，而掌握正确速度滑冰技术的基础就是要求运动员要有良好的有氧耐力。

二、有氧耐力训练的方法

现阶段，世界优秀速度滑冰运动员大都采用自行车训练作为有氧耐力训练。自行车双腿蹬车的动作方式和肌肉的用力方式，与速度滑冰冰上技术动作的蹬伸方式以及用力方式都是非常接近的，两个动作之间属于正迁移关系。自行车训练是行进间的训练，运动员可以在自行车训练过程中体会到相应速度感下的蹬伸动作。相比其他运动项目，两者在供能系统、做功方式、肌肉募集、关节角度等诸多方面都高度相似，可以为非冰期陆地专项训练提供有效途径。

自行车训练作为速度滑冰项目的一种重要训练手段，已经有几十年的历史，在冰路结合期尤为重要。速滑运动员的自行车训练可以分为平路骑行、坡路骑行和固定骑行3种。速度滑冰项目比赛从几十秒到十几分钟不等，运动员在比赛中能量代谢方式也有所不同。因此，在训练中的要求和方法也有很大差别。血乳酸指标作为训练负荷强度的重要监控指标之一，在速度滑冰和自行车项目的训练中得到了广泛认可和应用。

关于有氧训练的强度问题，实践和理论都证明，乳酸阈强度是提升运动员耐力素质的最适宜的训练强度，通过个体乳酸阈值调节运动员的有氧训练强度会大大提高运动员的有氧耐力。其理论依据是，运用个体乳酸阈进行训练可以使呼吸循环系统机能达到较高水平，最大限度地利用有氧供能，使无氧供能在能量代谢过程中所占比例下降到最低点。另外，在速度耐力训练（无氧耐力训练）中也可采用乳酸阈值来评定运动强度。所谓无氧耐力也就是运动员机体在氧气供应不足的情况下坚持工作的能力。在速度滑冰的 1000 米和 1500 米项目中，这一能力是比赛取胜的关键因素，目前我国在这两个项目上还处于落后地位，主要表现为运动员在后半程耐力不足，主要原因是我国运动员机体耐乳酸能力差，在比赛的后半程，体内乳酸堆积过快导致体内酸碱度失调致使耐力下降。通过最大乳酸耐受能力的训练来提高运动员的乳酸耐受能力、加强运动员的速度耐力素质是较有效的训练方法，一般在乳酸耐受能力训练中将参考值设定在 12 毫摩 / 升的运动强度。实践证明，利用这个参考值来评定训练强度进行训练可有效提高运动员的速度耐力。需要注意的是，无论是训练运动员的有氧耐力还是无氧耐力，都必须依照运动员的不同训练水平、不同个体差异确定训练强度，高水平运动员可以在参考阈值基础上略加提高，低水平运动员可以略减。

利用乳酸阈值来调控运动强度的训练方法被称为"乳酸阈训练法"，在国内外的许多运动训练中，教练员都采用这一方法来提高运动员的耐力素质。乳酸阈训练法可以明显地刺激最大耗氧量、乳酸阈或通气阈，以此提高人体的耐力水平。利用个体乳酸阈强度进行训练强度的调控能合理地控制训练负荷，也就是说，可以利用乳酸阈强度有效地进行耐力素质的训练。乳酸阈训练不仅能有效地提高运动员的有氧耐力素质，它对速度耐力型运动项目运动员的训练也有着极其重要的作用。在速度滑冰运动中，更能体现出乳酸阈训练对不同滑跑距离的良性训练效果。由于速滑运动中包括不同的滑跑长度的小项，所以乳酸阈值在运动员机体中的反映也各有不同，通过对不同滑跑距离所对应的乳酸阈值进行训练，能够有效地提高速滑运动员的专项耐力。

对于冰上训练，在极限强度训练时将乳酸阈值控制在 12 毫摩 / 升左右的水平为最佳，这一训练强度可以有效增强运动员机体的耐乳酸能力，提高运动员的速度耐力。训练可采用 1 分钟短时间最大强度、3~5 分钟运动间歇的练习方法。由于运动强度过大，必须有充足的恢复才能进入下一组训练，高水平运动员可相对减少间歇时间以达到更好的训练效果，所以在进行大强度速度耐力素质训练时要使运动员得到充足的恢复，否则无法达到预定的训练效果。

三、结论

综上所述，将乳酸阈训练法应用于速度滑冰耐力素质训练中是较为合理且有效的。但是要注意，在训练过程中必须遵循因人而异的原则，根据运动员不同的性别、不同的专项滑跑距离、不同的个体乳酸阈水平及不同的训练水平，采用不同的训练手段，选择不同的训练强度，以防止过度训练和训练不足等情况。

自由式滑雪空中技巧新旧赛制的分析

沈阳体育学院　李　科

自由式滑雪于 1992 年起被列为冬奥会比赛项目，包含空中技巧、雪上技巧、雪上芭蕾三个分项。在都灵第 20 届冬奥会上，韩晓鹏以惊艳的两跳动作一举夺得自由式滑雪空中技巧的金牌，实现了我国雪上项目金牌零的突破。

近年来，随着空中技巧项目的不断发展，赛制也有了改进，以适应项目新的规律和特点，新赛制改革对空中技巧项目进一步发展具有重要的现实意义。在新赛制下研究比赛过程的规律性，可以根据赛况变化及本队队员的竞技水平和技术特点，制订更加合理的参赛方案，取得更加理想的比赛成绩。

一、旧赛制和新赛制概述

所谓旧赛制是指温哥华第 21 届冬奥会以前（包括温哥华第 21 届冬奥会）的空中技巧项目冬奥会赛制，而索契第 22 届冬奥会实行的空中技巧赛制，我们称之为新赛制。

新赛制的主要内容体现在如下两个方面：

第一，比赛仍然保持预赛和决赛两个阶段的基本模式不变，但比赛的具体方法有了改变。

预赛阶段：凡是获得冬奥会参赛资格的运动员都可以参加预赛阶段的比赛，预赛阶段有两跳机会，12 个晋级决赛阶段的名额。第一跳成绩排在前 6 名的运动员直接进入决赛阶段，其他选手进行第二跳比赛；要求第二跳必须完成不同动作，第二跳成绩排在前 6 名的运动员获得剩下 6 个决赛阶段席位。

决赛阶段：决赛阶段采用三轮淘汰制，每轮完成一跳动作，动作不能重复。第一轮淘汰排名末 4 位的运动员，其他 8 名运动员进入第二轮；第二轮再淘汰末 4 名运动员，剩下 4 名运动员进入第三轮；第三轮最终决出前 4 名的名次。

第二，新赛制有 5 名评分裁判员，负责对起跳、空中动作和着陆三个技术环节进行评分，每人评出的满分为 10 分，去掉一个最高分与一个最低分，其余 3 个中间分的和再乘以该动作的难度系数即为该跳的最后成绩。这 3 个中间分我们称之为有效分。这一变化对裁判员的工作影响很大，而对参赛运动员的表现不会有直接影响。

二、新旧赛制对比

（一）有两次晋级机会

在旧赛制的预赛中，每名运动员完成两跳动作，两个动作成绩相加为预赛成绩，前 12 名选手进入决赛。换句话说，综合两跳的结果来确定是否能晋级。而在新赛制中，预赛也是两跳，每一跳的前 6 名进入决赛，也就是说，第一跳未能晋级的选手在第二跳还有机会。

（二）决赛一跳淘汰，三轮决胜

在旧赛制的决赛中，每名运动员完成两跳动作，两个动作成绩相加为决赛成绩。而在新赛制的决赛中，每轮一跳，第一轮和第二轮的每跳成绩决定是晋级还是被淘汰，第三轮的一跳成绩决定四强排位。

（三）增加动作储备，提高稳定性

在旧赛制的决赛中，运动员两跳动作相加为决赛成绩，因此，运动员有两跳高难动作储备就可以冲击金牌。而在新赛制的决赛中，由于是三轮淘汰制，三轮动作不能重复，想冲击金牌，必须储备3个高难动作。而且每个动作都要有较高的稳定性，才有机会获得最终胜利。

（四）裁判评分公平合理

在旧赛制的预赛中，采取七人裁判制，其中五人负责空中评分，两人负责着陆评分，空中评分和着陆评分分开进行，而且着陆评分是绝对有效分。而新赛制采取五人裁判制，每名裁判同时对空中和着陆评分，没有绝对有效分，这样有助于裁判评分更加严谨，公平合理。

三、新赛制对比赛的影响分析

（一）新赛制更凸显优秀选手的稳定性

随着比赛进程的推进，挺进决赛的运动员都是动作实力较强、有冬奥会经历和大赛经验丰富的优秀运动员。

新赛制的比赛方式看似增加了比赛结果的偶然性，实际上这对那些实力较强、发挥比较稳定的优秀选手来说更为有利，使其更有机会过关斩将闯入最后一轮的四人决赛，争取更好的成绩。

（二）新赛制突出了每一跳结果的重要性

在旧赛制的比赛中，无论是预赛还是决赛，比赛结果都是由两跳成绩相加决定的，运动员更注重两跳的结果。而新赛制的预赛虽然也有两跳机会，但是每一跳都有 6 个晋级名额，更突出了每一跳结果的重要性。

新赛制的决赛采取每轮一跳三轮淘汰制，每一跳的结果都具有决定性，尤其到了最后一轮，更是一锤定音，决定四强名次归属，选手们纷纷亮出自己的最高难度动作争取最好成绩。

所以说，新赛制从比赛开始就紧张激烈，扣人心弦。每一跳的结果都关系重大，大大提高了动作的观赏性。

（三）新赛制促进动作难度发展

新赛制的决赛阶段是三轮淘汰制，要想闯入超级决赛，必须储备三个动作。运动员只有储备了超高难度的动作，才可以主动冲击金牌，否则就会处于被动状态。

因此，从男女超级决赛看，新赛制促进了优秀运动员突破自我完成最高难度动作，推进了动作难度发展。

（四）新赛制对集体作战有利

空中技巧是个人项目，新赛制给每名参赛运动员在每一跳比赛中带来了更大的心理压力。对于运动员来说，彼此相互照应、相互鼓励，有助于减轻心理压力，增加自信心。

在新赛制比赛中，如果有几名队友同时参赛，组成一个团队，能够提高战斗力，有利于争取好成绩。

对于教练团队来说，为完成参赛任务，根据赛况变化和本队队员的水平特点，审时度势，制订更加合理有利的参赛方案，能起到画龙点睛的作用。

（五）新赛制对教练员指挥系统要求更高

空中技巧比赛中，运动员的动作选择、出发位置的确定、出发的时机等都是由自己的教练团队通过对讲机沟通做出决定，运动员在教练员的指挥下完成比赛。因此从某种角度看，教练员指挥系统对运动员比赛的成败起着至关重要的作用。在旧赛制中，如果客观条件变化不大，运动员的参赛动作一般都根据预先定好的参赛方案去执行，临场改变动作方案的选手不多。由于新赛制增加了场上的竞争激烈程度，赛场情况瞬息万变，要求教练员及时掌握相关信息，如重点对手的情况变化、气温的变化、风向的变化等，并综合所有信息进行分析判断，做出决定，指挥运动员比赛。所以要求教练员指挥系统所掌握的最新信息必须更加及时、准确、通畅。

（六）新赛制使比赛更加精彩，竞争更加激烈

在旧赛制的预赛中，很多高水平运动员会采用自己较有把握的两跳动作，只要进入前 12 名就完成任务。过去常常有女子运动员在预赛中用两周动作，目的在于降低难度以提高动作稳定性，确保进入决赛，进入决赛后再用难度较大的三周动作争取好成绩。而在新赛制中，预赛两跳只有每跳的前 6 名进入决赛，因此运动员从第一跳开始就得全力以赴，甚至有些运动员拿出自己的高难动作参加预赛。这样，运动员从预赛就开始了激烈的角逐，比赛精彩激烈。

进入决赛，分三轮淘汰。很显然，每轮比赛都是一跳出结果，会明显增加比赛的悬念。因为空中技巧的每一跳动作的影响因素很多，如风向变化、气温变化、雪温变化、太阳光线变化、场地平整度变化、跳台角度变化等客观因素，以及现场的气氛、个人紧张程度、对手的

发挥、动作的选择、教练员的指挥等主观因素，都会对动作完成造成直接影响。也许一个小小的失误就会导致运动员的比赛就此止步。旧赛制以两跳成绩之和计算最后成绩，如果某一跳出现小瑕疵，还有机会用另一跳的较好发挥来弥补，新赛制却没有了这样的机会。因此，运动员更加珍惜每一跳的发挥和表现。因此，新赛制使预、决赛精彩纷呈，比赛气氛更加紧张，竞争更加激烈。

速度滑冰与速度轮滑技术训练的分析与研究

黑龙江省冰上训练中心　　刘广彬

速度轮滑起源于速度滑冰，是在夏季进行的技术、力量、耐力方面的训练，用地面代替冰面，用滑轮代替冰刀，因此早期速度轮滑的技术要求和训练方法与速度滑冰是一致的。在我国，速度轮滑比速度滑冰更加普及，这是因为速度轮滑简单易学，具有娱乐性，与速度滑冰相比，不受场地和气候的限制。速度轮滑这种训练方式提高了运动员速度滑冰的水平，也逐渐发展成独立的体育运动项目，有了独特的技术和训练方法。速度滑冰与速度轮滑的技术要求和训练方法有异同点，可以相互借鉴，共同提高运动成绩。

一、速度滑冰与速度轮滑的相似之处

从运动训练学上来看，速度滑冰和速度轮滑的训练都具有周期性，且在比赛中主要考察运动员的耐力和速度。这两种运动的训练项目主要有有氧训练、乳酸能训练、速度训练。有氧训练是这两种运动的重点训练项目，占整个训练过程的80%。乳酸能训练和速度训练也贯穿于整个训练过程中。作为周期性耐力训练项目，这两种运动在训练中采取相同的训练模式，经常采取以赛代练的方式来进行训练。

从技术结构角度看，速度滑冰和速度轮滑的技术结构和技术原理也存在着一些相似之处，在比赛时都要求运动员直视前方、压低重心、减少阻力，运动中身体重心的变化也相似。此外，这两种运动应用的生物力学原理也相同。

二、速度滑冰与速度轮滑差异对比

（一）速度滑冰与速度轮滑在阻力和体能消耗方面的不同

在速度滑冰运动中，冰刀与冰面之间的摩擦力很小，它的主要阻力应该是空气阻力，空气阻力会随着速度的增加而变大。在速度轮滑中，地面与滑轮之间的摩擦力很大，是这一运动的主要阻力。速度轮滑与速度滑冰相比需要更多的体能去克服阻力，因此速度轮滑运动员要加大耐力、体能的训练。

（二）速度滑冰与速度轮滑直线技术差异对比与分析

由于器材和场地的不同，速度滑冰产生的摩擦系数和摩擦阻力都比速度轮滑要小。因此，在直线运动中，速度滑冰的侧位蹬动动作比较连贯。而速度轮滑由于摩擦力对滑轮的影响，其侧位蹬动动作不连贯，会产生向后蹬的现象。这两种运动的区别是现实存在的客观因素造成的，难以改变，因此在运动时要遵循各自的特点，顺其自然地滑行。综上所述，这两种运动在直线滑行中存在着技术上的差异，其蹬动支点和方向有很大区别。在直线滑行时，速度轮滑的蹬地力量要小于速度滑冰的蹬冰力量，这是因为滑轮无法像冰刀内刃那样切入地面，其侧位支点没有速度滑冰的侧位支点牢固。速度轮滑运动员在蹬动时无法充分利用体重和肌肉力量爆发式快速用力。在直线滑行轨迹方面，这两种运动也存在着明显的区别，速度滑冰的滑行轨迹比较精确，速度轮滑的滑行轨迹则具有较大的变化空间。

（三）速度滑冰与速度轮滑弯道技术差异对比与分析

由于摩擦力的原因，速度滑冰在直道和弯道上的速度都高于速度轮滑。这两种运动在弯道上快速滑行时会产生离心力，为了克服离心力并保持平衡，运动员所采用的滑行姿势也不同。

三、速度滑冰、速度轮滑的技术与训练方法相互借鉴的要点

（一）蹬冰时机和动态支撑的借鉴

在速度滑冰中，我国运动员与速度滑冰强国的运动员相比缺乏早蹬意识，很多运动员存在着对蹬冰时机把握不准确、蹬冰晚的问题。速度轮滑具有双蹬和双支撑的特点，让速度滑冰运动员接受速度轮滑的训练，可以使他们体会到速度轮滑蹬动时间和中心移动快的特点，在训练过程中建立早蹬意识，并能够有针对性地把速度轮滑的特点和技巧应用到速度滑冰中，缩短发力侧蹬时间，从整体上提高对蹬冰时机把握的准确度，从而有效解决速度滑冰运动员蹬冰晚的问题。此外，我国的速度滑冰运动员存在着后程减速的问题。这是因为他们在运动过程中，要保持长时间的关节角度小的静态支撑，动作频率慢，难以消除在运动过程中堆积的大量乳酸，耗费了大量的体力。而在速度轮滑过程中，运动员动态支撑的时间比静态支撑的时间长，动作频率快，关节角度大，乳酸能够及时被消除，从而使运动员的体能充沛且持久。因此可以让速度滑冰运动员接受速度轮滑训练，在速度滑冰中加快其

滑跑动作速率，保持动态支撑，从而在比赛中保持体能，提高速度。

（二）出刀角度的训练

在速度滑冰训练中，运动的前进方向和出刀方向如果存在外滑角，就会造成滑行横向幅度和实际滑行长度的增加，从而延长滑行时间。因此在速度滑冰训练中，教练员和运动员都重视控制出刀方向和出刀角度，使运动方向与出刀方向形成内滑角，这样就会使滑冰运动接近于直线滑行，从而缩短滑行长度和滑行时间，整体上提高滑行速度。但是，在实际训练中，很多运动员对出刀方向和出刀角度的控制不够熟练，针对这种情况，教练员可以让运动员接受速度轮滑训练。这是因为速度轮滑中的出轮方向也会形成内滑角，运动员在训练过程中能够掌握相关技巧，并把这些技巧运用到速度滑冰中，增强对出刀方向和出刀角度的控制能力。

（三）平衡能力的训练

运动员具有良好的平衡能力就能够减少体力消耗，提高运动速度，因此，平衡能力对速度滑冰和速度轮滑这两种运动都具有重要意义。速度轮滑中的平衡能力训练比速度滑冰的相关训练更容易掌握，运动员可以进行速度轮滑中的单腿平衡滑行训练，这种训练可以帮助运动员在运动中找到自己的重心，使其在速度滑冰中也能保持平衡。

（四）耐力的训练

速度滑冰项目要求运动员可以高速度滑行，这就需要对运动员进行有氧训练，以提高其速度耐力。有氧训练的方式有很多，其中速度轮滑运动有马拉松项目，经常在陆地上进行超长距离的轮滑训练，对速度耐力的提升有很大的帮助，可以作为速度滑冰运动员的有氧训练方式。

四、速度滑冰、速度轮滑的技术与训练方法相互借鉴应注意的问题

（一）采用多样的训练方式来巩固速度滑冰与速度轮滑的技术

除了通过速度轮滑训练来提高速度滑冰技术外，还可以通过跑步、游泳等训练项目，增强运动员的体能、耐力、灵活度，促进其掌握基本的运动技巧。多样的训练方式还可以缓解单一训练给运动员带来的疲劳和损伤，增强训练的趣味性，提高运动员对训练的热情和积极性，以在训练中保持良好的状态。有氧运动训练项目可以有效地提高运动员的有氧能力，使运动员有更多的时间和精力进行速度滑冰和速度轮滑专业技术的训练，使其相关技术更加精确、规范，从整体上提高训练效果。

（二）避免姿势、技术方面的负向迁移

由于速度滑冰中的摩擦系数比速度轮滑中的摩擦系数小，因此这两种运动的蹲屈角度、重心位置、蹬动动作作用点等方面都存在着差异。在速度滑冰中，为了充分发挥蹬冰力量，运动员的屈蹲角度较小，重心在冰刀后部。而在速度轮滑中，运动员的重心较高，这能使运动员在不影响速度的前提下，缓解疲劳、节省体力。可见，这两种运动的姿势和技术要点存在着较大区别，速度轮滑训练主要训练的是在速度滑冰中需要的下肢肌肉力量、速度、耐力、平衡力等。因此，在训练过程中要严格遵守这两种运动的姿势和技术要求，避免造成技术的负向迁移。

五、结语

速度轮滑起源于速度滑冰，所以其技术要求和训练方式与速度滑冰有一定的联系，且速度轮滑的训练更加简单。因此，可以通过速度轮滑训练来提升运动员的体能、平衡能力、耐力和速度，从而提高运动员的速度滑冰水平。教练员要认真探讨这两种运动的区别和联系，找出可相互借鉴的部分，使两种运动优势互补、共同进步。

浅谈冰球运动员的射门技术

哈尔滨市冬季运动项目训练中心　齐雪婷

一、射门技术分析

（一）射门技术类别

（1）腕射：最容易掌握的基础射门方式。通过球杆与冰面的惯性摩擦，对核心力量的控制，将力量传输到手臂直至手腕，最后将球击出。

（2）弹射：最常用、最利落的射门方式，能够在极小的空间内起拍，将球快速、有力地击出。相比腕射，弹射节约了更多的时间。

（3）反手射门：基础的射门技术之一。当没有足够的时间去调整球拍用正手射门时，如能够很好地掌握反手射门，将给对手带来更大的防御难度。

（4）大力击射：射门力量最大的方式。大力击射的特点是在中远距离，甚至更远的位置上，仍然能够让球保持最高速度到达球门。目前的时速为 170~190 千米 / 时。

基本射门的方式总体分为以上几类，但在实际比赛中还有补射、垫射、利用身体的假动作骗过守门员将球打入球门等一些经过演变的射门方式。

（二）射门需具备的综合素质及其作用

（1）平衡力：对于冰球运动员来说，平衡力的作用是非常重要的。当运动员射门时，多数动作都是在滑行过程中完成的，甚至还会有对手的干扰，当重心处于身体一侧时，需要在控制平衡的条件下，将球精准地击打至球门。

（2）核心力量：冰球运动员需要有强大的核心力量。任何射门技术必须有核心力量的支持，核心力量的作用主导着球的速度和整个射门动作的完整性。

（3）背部力量：在完成射门动作之前，背部的力量起着推动的作用。

（4）手臂的力量：强有力的手臂能够更稳定地控制进攻的方向，并使动作快速完成。

（5）手腕的腕力及手的握力：腕力和握力能够更有效地指向球最后的落点，锁定胜局。

（6）腿部力量：较强的腿部力量，能够更好地发挥完整的射门技术动作。

此外，运动员还需要有敏捷的头脑，对球的落点有准确的预判，灵活掌握射门的时机，果断出击。

二、 射门数据分析

我国女子冰球队起步早于很多发达国家，曾获1998年长野冬奥会的第4名，但近些年排名下滑。成绩下滑的原因有很多，绝不是单一的原因导致成绩下跌。

表1、表2为2016年、2017年的世界女子冰球锦标赛数据统计。

表 1   2016 年女子冰球世界锦标（甲级 B 组）赛数据统计

排序	队伍	比赛场次	得分数	有效射门次数	射门成功率
1	哈萨克斯坦	5	13	121	10.74%
2	拉脱维亚	5	16	159	10.06%
3	匈牙利	5	15	163	9.20%
4	荷兰	5	11	124	8.87%
5	中国	5	10	119	8.40%
6	意大利	5	11	149	7.36%

表 2   2017 年女子冰球世界锦标赛数据统计

排序	队伍	比赛场次	得分数	有效射门次数	射门成功率
1	斯洛伐克	5	22	166	13.25%
2	拉脱维亚	5	13	100	13.00%
3	哈萨克斯坦	5	11	95	11.58%
4	波兰	5	11	105	10.48%
5	中国	5	13	145	8.97%
6	意大利	5	8	151	5.30%

通过以上表格内数据可以看出，在参赛的 6 支球队当中我国均排名第五。在 2016 年度的数据中，射门次数优势也并不突出；在 2017 年度的数据中，射门次数在 6 支队伍中排在第三名，而在射门的成功率上仍排在第五名，由此可见，我们在得分的手段和精准度上都与对手有着一定的差距。

三、 建议与结论

（一）建议

（1）从实战出发。紧密地结合比赛节奏，增强运动员技术的同时不脱离实际比赛中的速度。

（2）借鉴与参考高水平国家的训练方法。通过视频深入地分析动作重点和精髓。

（3）强化意识。内外兼修，培养运动员对得分的强烈意识以及对手段的灵活运用。

（二）小结

每个体育项目都有不同的发展轨迹，不管此时正在经历的是巅峰还是低谷，总归会找到应对的方式。中国女冰球队曾经辉煌过，也经历过低谷，虽然未来一切都是未知，此刻如能一一找出问题所在，并将其逐个解决，终会迎来前方的辉煌！

高原训练相关经验总结

吉林省体育局冰上运动管理中心　乔　静

高原训练是指在高原的低压缺氧环境中进行训练，运动员承受高原和运动的双重缺氧刺激，从而利用高原适应和训练的合并生理效应来提高运动能力和比赛成绩的一种训练方法。高原训练在世界各国的体育界已成为热点问题之一，是提高运动成绩的有效手段。对于速度滑冰项目而言，高原训练具有重要的意义，下面将从七个方面与大家交流我对高原训练的一些心得体会。

一、运动员高原训练的生理反应

久居或世居高原的人长期受到高原缺氧的刺激，机体从形态和生理机能方面都发生了一系列适应性变化，如心脏体积增大，心排血量增加，肺通气量增大，血红蛋白浓度增高等。目前普遍认为，高原训练有提高运动员有氧耐力的作用，其机制可能主要发生在红细胞、最大摄氧量和乳酸耐受力等方面，这些都可以充分激发和挖掘机体潜能，从而提高运动员比赛成绩。

由于受高原缺氧和运动缺氧的双重刺激，运动员在初到高原时会出现呼吸频率加快，产生明显的过度换气，这些可以有效增加肺通气量。初到高原时，运动员心率加快，但是从高原返回平原后，再完成同样负荷的运动后心率较上高原前低，这表明在经过高原训练后运动员的心率储备有所增加，这有利于运动能力和运动成绩的提高。

二、运动员高原训练的环境因素问题

海拔高度是影响高原训练效果的关键因素之一。目前研究认为，世居平原的游泳、中长跑、竞走等耐力性项目运动员进行高原训练的最佳高度为 2000~2500 米；摔跤、乒乓球、速度滑冰等项目的运动员进行高原训练的最佳高度为 1500~2000 米。

选择训练高度时应考虑以下因素：一是对有氧代谢平均强度要求特别高的项目（速度滑冰长距离项目）训练高度可相应增加；二是世居或久居高原有多年高原训练经历的高水平运动员训练高度可相应增加；三是技术性很强的项目（摔跤、柔道等）训练高度不宜过高。

三、运动员高原训练的训练学指标问题

高原训练构成因素中，最核心的因素是训练的量和强度。以往高原训练的失败，大多被归咎于缺乏对运动员身体机能的科学控制以及对其强度控制不当。因此，国内外对高原训练负荷监控的研究比较关注。目前国内外高原训练的负荷强度安排遵循"适应—提高"的训练原则，采取两种训练计划—— 一是针对年轻运动员或无高原训练经历者的"保守战略"，即负荷量略低于平原或接近平原训练量，降低负荷强度，最大不超过平原训练最大强度的 70%；二是有高原训练经历者或赛季中间采用的"强度战略"，即负荷量达到或超过平原（100%~120%），负荷强度接近（90%）或达到平原水平，以保持高水平的负荷强度和运动能力。

此外，在高原训练负荷控制方面，应注重"个体化"的理念，结合

运动员的年龄、恢复能力、高原训练的经历及适应情况等做到训练负荷个性化，从而制订出个性化的训练计划。

对于大强度训练，普遍认为高原训练只有在高强度刺激下才能增强氧酵解能力，进而提高运动员的糖酵解能力。在高原训练中，短距离跑的绝对速度越接近平原速度（400 米内），机体承受缺氧的程度越深，可产生更好的训练效果。日本学者通过比较常压常氧和低压低氧大强度训练对运动员代谢能力的影响，他们认为运动员在低氧环境下进行大强度训练不仅能提高最大摄氧量，而且对于提高无氧能力有重要作用，并通过研究不同程度低压低氧环境下大强度游泳训练对运动员能量代谢的影响发现，运动员在进行超大强度的游泳训练时，无氧代谢能量释放速率与相对生理应激程度关系密切，而与氧分压无关。

四、高原训练持续时间问题

高原训练的持续时间尚无定论，从目前国内外高原训练的研究资料来看，速度滑冰项目的高原训练为期 5~6 周；同时根据速度滑冰项目距离上的不同，在训练时间上也有所区别，如中长距离（3000 米、5000 米）为期 4~6 周，超长距离（10000 米）为期 4~8 周以上。但对于为适应高原环境下的比赛而进行的适应性高原训练，最适宜的持续时间为每次 1 周左右，1~2 个月之内进行 3~4 次。

过短时间的高原训练易使运动员出现高原适应不足的情况，从而影响高原效应和高原训练效果。过长时间的高原训练易导致运动员高原效应的退化和身体机能的下降。

五、高原训练阶段安排

在高原低氧条件下训练，运动员必须经过一个对低氧环境的被动适应及对平原平衡被打破的主动适应过程，以达到对缺氧与负荷的双重适应。高原训练时间选择的依据，是以能取得良好的高原效应和训练效果为原则。具体可分为高原适应期、强化训练期、高原调整期。经观察，运动员到高原后对高原环境的适应需 5~7 天，经常到高原训练有较好适应能力的运动员也需适应 3~5 天。高原强化训练的时间为 2~3 周，通过增加训练负荷，提高训练强度，增强运动员对高原训练量和强度的适应，以提高和强化高原效应并取得最佳的高原训练效果。高原训练后期应进行必要调整，这是高原训练不可缺少的组成部分。高原训练期的持续时间以 5 周左右为宜。

（1）适应期训练：运动员到高原后的第一周，主要是对高原环境的适应。在高原缺氧条件刺激下，机体各系统功能和内环境处于应激状态和调整过程中，会出现稳态生理失衡，过重的训练负荷将加重高原反应，导致高原适应期延长。因此，适应期不宜安排高负荷、大强度的训练，应以保持体能和恢复机能协调性的适应性训练为主要内容。如采取一般负荷的放松跑、耐力性技术滑行、柔韧性和力量练习。

（2）强化期训练：强化期训练是高原训练的核心。在高原适应期训练的基础上，通过为期 2~3 周的系统强化训练，进一步实现机体对高原环境和运动负荷的双重适应，以期达到提高运动员机能的目的。

（3）调整期训练：运动员经过两周的强化训练后，在运动能力获得较大提高的同时，体能消耗也较大，机体产生了一定的疲劳和疲劳积累。因此，在高原训练结束前的 4~7 天，运动员必须进行调整性训练。目的是消除疲劳，促进恢复，增强体能，顺利地向平原过渡或在高原迎接比赛。高原训练后期进行调整应视运动员的机能状况，适当减小运动量、降低训练强度。

六、平原比赛的最佳时间

高原训练后可以形成 3 个竞技高峰，其时间在下高原后的 3~5 天、10~18 天和 19~32 天，若训练安排得当，则高原效应可保持 1~2 月。已有统计发现，经云南昆明、青海多巴高原训练后的运动员在 3~45 天内参赛均取得过好成绩。运动员在下高原后 1~2 周参加中长距离比赛项目会取得较好的成绩，在下高原后 3~4 周参加较短距离的比赛项目较适宜。

但应注意的是，运动员在下高原的第 5~7 天内不宜比赛。因为从运动应激的各种能力来说，最早受到影响的是心肺功能，其次是肌肉功能和造血功能。这种能力的下降被称为"空白区"，会在下高原后第 5~7 天出现，所以这个时期不宜安排比赛。

总结多年的实践经验，如比赛是在平原进行，参赛时间应选择在下高原后第一周或第三周，这是根据下高原后连续测试血色素和综合观察晨脉、血压、运动员自我感觉及比赛成绩做出的总结。

七、高原训练平原化

近几年通过向其他运动项目借鉴学习，我发现目前国内外在田径和水上项目上尝试了高原训练平原化。高原训练平原化的核心还是训练负荷的安排，即提高训练量和强度。负荷的重点是提高专项体能训练及运动员每一个技术动作的输出功率，增加高原期间专项力量训练比例，使得综合训练的时间和有效训练量接近平原。对世居平原的运动员而言，在高原训练时最好还是遵循"适应—提高"的训练原则，结合运动员的个体特点，有选择地采用平原训练方法并合理安排训练负荷的强度，不能照搬平原训练计划，高原训练只是提供了一个困难的训练环境，其训练方法只是平原训练方法的一种强化，而不是单纯地解决技能问题。如果高原训练时间较长，需在 2~3 周的高强度训练后有一个调整。运动员在下高原前要保持一定的运动量，还要有一定的强度刺激，为下高原后的比赛做准备。

　　高原训练在提高运动员的最大摄氧量和有氧能力等方面已进行了多年的实践，长期以来被认为是提高运动员的最大摄氧量和有氧能力的主要方法。但高原训练还需要注重很多细节，如高原训练的最佳负荷强度、高原训练的营养补充、疲劳恢复等。只有全面地规划高原训练，才能使高原训练发挥最大的效果。

自由式滑雪空中技巧项目运动员
核心力量训练研究

河北省体育局冬季运动管理中心　申　帅

自由式滑雪空中技巧项目是根据运动员艺术效果和竞技水平进行评分的运动项目，要求运动员有良好的平衡能力和空中控制能力。近年来，我国运动员在该项目上屡创佳绩。根据该项目的专项特点我们不难发现，运动员的核心力量训练对运动员技术动作的高质量完成及落地稳定性等诸多方面都起到了举足轻重的作用，据此，高水平运动员也都加强了核心力量的训练。本研究旨在通过对我国高水平自由式滑雪空中技巧项目运动员的核心力量训练的研究，对相应的训练方法进行探索，为提高该项目的竞技水平提供借鉴。

一、研究对象

本研究以自由式滑雪空中技巧项目高水平运动员的核心力量训练为研究对象，在国家队在秦皇岛训练基地训练期间，对9名自由式滑雪空中技巧国家队运动员进行了测试。

现场测试内容：

（1）半球快速下蹲，在半球式平衡板上举杠铃连续做快速下蹲，男子的杠铃重量为 20 千克、女子的杠铃重量为 10 千克，做 15 次并计时。

（2）单足（左、右）三步定点跳，类似连续单足跳，以左腿为例，每跳一步，停顿屈膝至 90 度，另一腿不能触地，计远度，右腿测试方法与左腿相同。

（3）改进式收腹举腿，做 15 次并计时。

（4）双手后抛实心球，计远度。

二、研究结果与分析

（一）自由式滑雪空中技巧项目的特点

自由式滑雪空中技巧项目的特点是运动员在空中要完成各种高难度的翻腾及旋转动作，而人的身体在空中是完全没有支撑的，因此，要求运动员必须具备良好的核心控制能力，同时还要求运动员落地时在极滑的雪面上保持身体的平衡和稳定，这对运动员的核心力量提出了更高的要求。

（二）核心力量训练对自由式滑雪空中技巧项目的作用

核心力量是指人体的核心区即腰椎—骨盆—髋关节为主体，包括附着在它们周围的肌肉、肌腱及韧带系统在运动时表现出来的稳定性及力量，又分为核心区稳定性力量和核心区动力性力量。核心区训练之所以重要，是因为它是完成绝大多数技术动作时力量产生和传递的核心区域，是人体动力链的中间环节，只有核心区的稳定性提高了，肢体的活动才能有支撑，才会更协调。

核心力量训练的目的可以简单地归纳为帮助运动员在完成动作时保持完美的身体姿态和确保动作的准确性，并预防运动损伤。很多运动员和教练员在日常训练中容易忽略核心区深层小肌群的训练，因为他们没有认识到这些肌群对提高运动员的运动成绩所起的作用，加强核心部位的肌肉群力量可提高身体稳定性并保证动作的准确性。如果核心肌群得不到合理有效地训练，潜在的运动损伤发生的概率会大大提高，核心肌群起着稳定脊柱、保持身体姿态、传输能量、减小动作时压力等作用。

核心力量对自由式滑雪空中技巧项目运动员运动中的身体姿势、运动技能和专项技术动作起着稳定和支持作用。它是运动员完成技术动作时保持身体重心处于正确位置的重要环节，技术动作的完成不是单独依靠某单一肌群就能实现的，它必须要动员许多肌肉群协调做功。核心肌群在此过程中担负着稳定重心、传导力量、缓冲等作用，同时也是整体发力的主要环节，对上、下肢体的协同用力起着承上启下的枢纽作用。

对于自由式滑雪空中技巧运动员来说，核心力量的作用主要有以下几方面：

（1）稳定脊柱、骨盆，保持正确的身体姿势，有效地完成技术动作，稳定脊柱的作用在于保护脊柱并预防潜在伤病的发生。

（2）提高运动员在空中的身体控制力和平衡能力。

（3）提高完成技术动作时由核心向四肢及其他肌群的能量输出的效率。

（4）完成动作时增强各肌群间的协调性。

（5）预防机体损伤。

（6）降低能量消耗。

（7）增强在空中时的身体平衡能力和落地时的稳定性。

空中技巧项目的比赛每一跳的动作得分等于动作完成情况分与难度系数之积，两跳动作得分之和即运动员该次比赛的最终成绩。因此，运动员完成动作的质量和难度都极其重要，无论是技术动作的完成和难度系数的掌握都离不开良好的核心力量，如果运动员的核心区稳定性和核心区力量不好的话就很难完成高质量的动作。因此，在训练过程中，要注重加强核心区小肌肉群的训练、核心区稳定性的训练，必须在有难度的同时，更加注重空中动作的质量和落地的稳定性，只有这样才能在高水平比赛中取得更好的成绩。

（三）测试结果分析

负重快速下蹲主要测试运动员在支撑面不稳定的情况下核心区的稳定性，结果发现，专项运动能力强的运动员此项测试结果远远好于其他运动员：能够在较短时间内和较稳定状态下完成测试。自由式滑雪空中技巧项目运动员的落地环节尤为重要，运动员在空中做完各种动作后要稳定地落在湿滑的雪面上，重心稍有不稳就会功亏一篑，因此，落地瞬间运动员核心区的稳定性极为重要。

后抛实心球主要测试运动员的核心区的爆发力，即运动员对整体力量的快速整合能力，这项能力对运动员的空中动作的准确性及时效性影响较大。运动员在空中的时候身体没有任何支撑，但要完成转体、翻腾等诸多动作，核心区的爆发力和控制能力不容忽视。

改进式收腹举腿主要测试运动员的腹部力量，之所以称为改进式，是因为此项测试做了诸多要求，如动作必须连贯完成，每次打开都要求脚跟及双肩着垫但不能借力，此项测试能在一定程度上反映了运动员腹肌的快速收缩能力。

单足三步定点跳要求运动员单腿尽最大能力沿直线向前跳起，要求落地要稳，此项测试在检验运动员行进间核心稳定性的同时还兼测运动员下肢的反应力量能力。

根据对运动员的核心区稳定性的初始诊断结果不难发现，一些运动员的核心力量水平显示出较高水平，而部分队员的核心力量较薄弱，能力有待提高。

（四）自由式滑雪空中技巧运动员核心力量训练的关键点

核心力量训练中很关键的一点，在于训练时运动员的躯体处于一种不平衡、不稳定的状态，或者是运用的器械不固定，需要控制器械，如平衡球、瑞士球、平衡板等。这种非平衡性力量训练是通过自身调整不稳定的身体状态，达到训练神经—肌肉系统的平衡和控制能力以及本体感觉的一种练习方式，同时可以有效地刺激躯干深层肌肉参与运动，并在动作过程中控制躯体始终保持正确的运动姿势，从而摒弃传统力量练习中借助外力来支撑躯体的弊端。

此外，还应注意，训练的量和强度要根据不同的训练周期和所处阶段及个人特点进行合理安排。

三、总结

核心力量训练对自由式滑雪空中技巧项目运动员的空中动作及落地都具有重要意义。通过诊断发现，我国该项目运动员的核心力量水平有待进一步提高，需要进行重点训练。

采取科学的与专项能力配合紧密的训练方法与手段进行核心区力量训练，对提高自由式滑雪空中技巧项目运动员的核心力量具要重要意义。

如何正确看待冰球项目中的体能训练

昆仑鸿星小狼国际冰球俱乐部　孙浩函

冰球是冬季项目中的一项团体竞技体育项目，也是一项拥有较强身体对抗的冬季运动。因为球员在比赛时的高滑速和激烈的身体对抗难免会对球员造成身体伤害，所以球员上场比赛时要穿戴配套齐全的护具装备。全身的护具装备配置，让冰球成为冰上最安全、球员受伤较少的一项冬季团体运动项目。

一、冰球运动员最应该具备的素质

冰球项目并没有固定的身高要求。身高较高的球员具有强劲的身体对抗能力，身材较矮小的球员敏捷且具有快速滑行的能力，不同身高有着不同的优势和劣势，但无论是身材高大的球员还是身材较矮小的球员，都应具备快速反应能力和充沛的体能。

良好的体能是保证球员在比赛与训练中能合理运用攻守技术并做出准确判断与队友配合完成射门的重要因素，强调体能训练对于冰球训练来说至关重要。冰球比赛规则是无暂停换人，球员在场上可随意换上或换下，在场球员始终保持 5 名球员和 1 名门将。之所以无暂停换人，是因为冰球运动体能消耗巨大，每位球员高强度的奔跑和身体对抗最多保持在 2 分钟以内。为了确保冰球运动的激烈竞技，才设置了无暂停换人的规则，所以体能训练是高强度团体竞技的最终保障。

冰球运动是攻防转换速度很快的速度力量型运动项目，也是对抗性体能、技能类运动项目。冰球运动与训练对于运动员的体能有很高的要求。主要以速度、力量、对抗性身体训练为主，目的是保证运动员在激烈的运动与训练中能合理地运用攻守技术并准确地做到与队友之间的传接配合。目前，我国从事冰球运动训练的专业运动员和业余运动员，受训练水平的制约，总体能力水平偏低，不太适应激烈的高强度的冰球训练和比赛。而且对于体能训练的认识有一定的误区，体能训练的方式方法也较为单一，训练和专项不能有效地结合起来。这也是未来我们提高整体冰球水平需要重视的问题之一。

二、冰球陆地训练对球员的重要性

现在青少年冰球以冰上训练为主，但忽略了应有的身体素质训练，导致学习者出现自身技术好却没有速度和力量的问题。

冰球球体很小，传接射门速度很快，应有的敏捷和反应训练是不可缺少的。首先，灵敏素质的培养。灵敏素质训练的主要手段是在跑、跳中迅速改变方向，做一些专门设计的复杂多变的练习，例如穿梭跑、闪躲跑等组成的综合练习。其次，力量素质训练。冰球训练中力量训练包括最大力量、速度力量、力量耐力等，因冰球属于大肌肉运动，身体各部分肌肉力量要全面均衡地发展，主要训练方法：通过最大肌肉生理横断面增加肌肉收缩的最大力量；改善肌肉协调能力，提高神经系统指挥肌肉工作的能力，做各种协调性的训练动作，急停、急起动、杠铃训练等，也可负重练习、器械负重跑，通过呼吸系统机能的改善和有氧代谢能力的提高来提高肌肉力量。最后，耐力素质训练。耐力素质训练对于冰球球员是至关重要的，因为冰球运动是在高寒环境进行的，身体对氧气的摄取要比其他的项目更困难，所以要通过耐力训练来提高球员身体对于摄氧、输氧以及用氧的能力。冰球项目因其独特的轮换模式，一般在耐力训练方面，经常采用波段式的训练方法，其中包括均速负荷和变速负荷两种方式，负荷强度往往要高于其他运动项目，心率可控制在 170~190 次 / 分。因为冰球项目独特的换人方式和高强度的争抢对抗，比赛中，球员要保持高心率，但高心率容易造成球员缺氧，所以在陆地训练中，高心率的训练是保证球员场上效率的重要因素。

三、冰球项目体能训练的要求

首先，要为球员树立正确的终身体能训练观。要取得良好的训练效果，就要不间断地、有规律地进行长期系统地训练，良好的身体素质和高水平体能的获得不是一劳永逸的，必须通过长期的陆地训练和冰上训练的结合才能保持，因此，必须要树立终身体能训练观。

其次，合理安排训练内容。要充分理解冰球陆地训练中体能训练的基础训练内容，以及专项体能训练和综合体能训练之间的相互关系，结合自身体能训练水平给予合理的安排。基础体能训练是为了能更好地发展专项体能训练，为专项体能训练和综合体能训练做基础服务。

最后，体能训练与技术训练相结合。体能训练单一且单调，但在陆地训练中也可结合一些冰上的训练，如速度拨球、传接球、射门等冰上练习，结合障碍物加强球员运用球杆过障碍时的脚步训练；简单的站位训练和传接配合抢断的反应训练。